AF547233

Nunchi für Einsteiger

Wie Sie die Superkräfte der koreanischen Lebenseinstellung entfalten und gekonnt in Alltag, Beziehung und Beruf anwenden

Linh Sonnenberg

Alle Ratschläge in diesem Buch wurden vom Autor und vom Verlag sorgfältig erwogen und geprüft. Eine Garantie kann dennoch nicht übernommen werden. Eine Haftung des Autors beziehungsweise des Verlags für jegliche Personen-, Sach- und Vermögensschäden ist daher ausgeschlossen.

ISBN: 978-3-969300442

Email: info@edition-lunerion.de
www.edition-lunerion.de

Psiana eCom UG
Berumer Str. 44
26844 Jemgum

INHALT

Vorwort

Spiritualität ist ein seltsames Konzept. Es gibt so viele verschiedene Ansätze, die in verschiedensten Regionen und Länden ihren Ursprung finden. Aber welches ist das richtige Konzept? Es gibt eine Flut an verschiedenen Lebenseinstellungen und Denkansätzen, die modernisiert und auf die westliche Welt angepasst werden. Jeder kennt den Begriff Karma oder hat den Ausdruck, „Du musst dein inneres Zen finden", schon einmal gehört. Man belächelt solche Redewendungen. Sie haben an Ernsthaftigkeit und Zusammenhang verloren. Meditation und Yoga sind zu modernen und als „cool" angesehenen Übungen geworden. Youtuber und Blogger zeigen, wie man solche Arten der Ruhefindung anwendet, und erklären Begriffe in Sanskrit. Alte, oft östliche Traditionen werden in unser alltägliches Leben integriert und verlieren immer mehr von ihrem Ursprung und ihrem eigentlichen Ziel.

Aber eigentlich wäre es doch schön, einen Weg zu finden, mit sich selbst im Reinen zu sein und Ruhe in unserer hektischen Welt zu finden, oder nicht? Es wäre schön, sich seiner Sache sicher zu sein, sein Umfeld zu verstehen und ohne Stress durch Alltagssituationen navigieren zu können. Es wäre schön, einem spirituellen Weg folgen zu können und sich mit ihm auseinanderzusetzen, sodass er eine Verbesserung ins Leben bringt.

Das Prinzip von Nunchi

Nunchi – ein für uns seltsames Wort mit einer abstrakten Bedeutung. Nunchi ist ein koreanisches spirituelles Konzept, das verspricht, beim Meistern der Hürden des alltäglichen Lebens zu helfen. Es könnte also genau das sein, was Sie sich gewünscht haben – eine Art Lebenseinstellung, die dafür sorgt, dass man fest in seinem Dasein verankert ist, sich Herausforderungen mit Zuversicht stellt und sein soziales Umfeld versteht.

Vielleicht kennen Sie sich schon ein wenig mit dem grundlegenden Prinzip von Nunchi aus oder vielleicht hören Sie den Begriff gerade zum ersten Mal. Ganz gleich, wie groß Ihr Vorwissen schon ist, Sie werden feststellen, dass es noch viel zu lernen gibt, bis man das Konzept vollends verinnerlicht hat und anwenden kann.

Was bedeutet der Begriff Nunchi genau und wie kann ich ihn interpretieren? Wo findet diese Form von Spiritualität seinen Ursprung, wie ist sie mit der koreanischen Kultur verknüpft und wie hängt sie mit Religion und anderen Formen der Spiritualität zusammen? In welchen Lebensbereichen ist es hilfreich und was passiert bei der Anwendung überhaupt? Wie kann ich persönlich Nunchi im Alltag verwenden?

Wenn man sich erstmals mit einem so abstrakten Konzept wie Nunchi auseinandersetzt, wirbelt einem ein Chaos von solchen Fragen durch den Kopf. Man möchte gerne begreifen, worum es geht, und man möchte diese Einstellung zum Leben verstehen und vielleicht sogar anwenden, aber man weiß gar nicht, wo man anfangen soll.

Im Folgenden werden Sie also all Ihre Fragen in einer strukturierten und geordneten Art und Weise beantwortet kriegen. Lernen Sie, was Nunchi im Groben ist und wo es seine Ursprünge findet, um anschließend näher auf die verschiedenen inhaltlichen Aspekte im Detail eingehen zu können. Erlangen Sie ein tiefes Verständnis für die Grundprinzipien und Gesetze dieses spirituellen Wegs, um diese mit Aspekten des alltäglichen Lebens in Verbindung zu bringen. Sie werden erfahren, wie Nunchi Ihr Leben zum Positiven verändern kann und was Sie konkret dafür tun müssen.

Seien Sie gespannt auf einen tiefgründigen und fundierten Einblick in Koreas „Superkraft".

Nunchi – ein Konzept mit tiefen Hintergründen

Um Nunchi anwenden zu können, muss man erst einmal verstehen, was es überhaupt ist und welche Teilaspekte zu seinem Grundkonzept gehören. Dazu gehört neben einer grundlegenden Einführung auch das Wissen über die verschiedenen Dimensionen von Nunchi, wie diese miteinander verknüpft sind und natürlich auch, woher Nunchi überhaupt kommt und welcher Weg dazu geführt hat, dass wir uns heute damit beschäftigen.

WAS IST NUNCHI?

Klären wir als Erstes die wohl fundamentalste Frage: Ist Nunchi eine Religion? Die Antwort ist Nein. Man kann es eher als eine Art Lebenseinstellung betrachten. Es ist ein bestimmter Weg, sich mit Situationen des alltäglichen Lebens, und dabei vor allem mit sozialen Situationen, auseinanderzusetzen und diese zu seinem eigenen Vorteil zu meistern. Wörtlich bedeutet Nunchi in etwa „den Raum lesen", und das drückt das Fundament des Konzepts sehr verständlich aus. Es gilt, eine Situation richtig zu interpretieren, zum Beispiel, wenn man einen Raum betritt, um sich dann in dieser Situation bestmöglich zu verhalten. Man muss also feststellen, wie die Grundstimmung im Raum ist, welche Personen anwesend sind, wie sie zu dieser Grundstimmung beitragen und welche Rolle sie in der Gruppendynamik spielen. Dabei geht es nicht nur um das Explizite, also das, was direkt gesagt oder getan wird, sondern auch um implizite Hinweise.

Diese könnten zum Beispiel die Körpersprache, die räumliche Ausrichtung, Gesichtsausdrücke oder die Interpretation der Stille sein. Es wird sogar öfter gesagt, dass bei Nunchi nicht nur die Personen im Raum, sondern auch der Raum selbst mit all seinen Wänden, Möbeln und anderweitiger Einrichtung relevant ist, um die Situation richtig zu bewerten. Nunchi wird oft scherzhaft als Art des Gedankenlesens oder als sechster Sinn bezeichnet, da es das Ziel ist, seine Mitmenschen in jeglichen Situationen so gut zu verstehen, dass man weiß, was sie fühlen und denken.

Aber wozu das Ganze? Die Antwort ist offensichtlich. Wer sein soziales Umfeld lesen kann, weiß, wie er sich in der spezifischen Situation zu verhalten hat, und kann dies zu seinem eigenen Vorteil nutzen.

Zum einen vermeidet man natürlich, sich selbst unpassend zu verhalten und sich unwohl in einer Gruppe zu fühlen. Es mag zwar banal klingen, aber dieser Aspekt stellt schon einmal eine wichtige Verbesserung in sozialen Interaktionen dar. Jeder kennt nämlich Situationen, in denen er die Gruppendynamik nicht versteht oder nicht weiß, wie er sich in einer bestimmten Umgebung verhalten soll. Dies führt zu großer Unsicherheit und sozialen Ängsten, da man das Gefühl hat, immer etwas Unpassendes zu sagen oder zu tun. Dies endet nicht selten damit, dass man sich fehl am Platz und unglücklich fühlt. Nunchi könnte solche Momente auslöschen und somit zu besser ablaufenden sozialen Situationen und langfristig auch zu einem größeren Selbstbewusstsein und zu einem sichereren Gefühl im Umgang mit anderen führen. Man verwandelt Situationen nicht nur in einen Vorteil für sich selbst, sondern vermeidet auch, sich ungeschickt zu verhalten und sich vielleicht in Verlegenheit zu bringen. Man umschifft also alle Fettnäpfchen und lernt, welche Kommentare man sich eher verkneifen sollte.

Wer ein schnelles Nunchi hat, wird also niemals jemanden aus Versehen auf eine nicht-überwundene Trennung oder einen unerwarteten Tod eines Verwandten ansprechen.

Aber damit hört es noch nicht auf. Die Philosophie des Konzepts besagt auch, dass ein schnelles Nunchi beispielsweise im Beruf und in der Karriere genutzt werden kann, um sich selbst einen Vorteil zu verschaffen. Wenn man nämlich versteht, wie andere denken und arbeiten, kann man herausfinden, wo die eigene Initiative gebraucht wird und wo man sich eher zurückhalten sollte. Man findet den perfekten Platz für sich in einem dynamischen Gefüge und wird sich weder überflüssig noch überfordert fühlen.

Nunchi empfiehlt die stille Beobachtung. Durch das Zuhören und Analysieren von Verhalten lernt man viel dazu und weiß genau, wo im sozialen Gefüge der Situation man sich eingliedern sollte. Man soll überlegt handeln und erst nachdenken, bevor man etwas sagt oder tut. Diese Fähigkeit kommt nicht von allein, sondern man muss sich in Zurückhaltung üben, um die Beobachtungen durchführen zu können. Man sollte lieber weniger als mehr sagen. Dies fühlt sich vor allem für Menschen, die normalerweise sehr viel reden, erst einmal unnatürlich an und spricht gegen die eigentlichen Instinkte. Durch die nötige Achtsamkeit, Übung und Disziplin kann man aber lernen, diesen Instinkt abzuschwächen und, ganz nach der Idee des Nunchi, mehr zuzuhören.

Im Großen und Ganzen bedeutet Nunchi also Verstehen. Man möchte die einzelnen Personen verstehen, die Gruppe verstehen und die Situation als Ganzes verstehen. Man möchte wissen, wie man sich selbst verhalten sollte und wie man die sozialen Interaktionen nutzen kann. Nunchi ist ein sogenannter „Soft Skill", ein Handlungsvorschlag, um mit jeder Art von Situation perfekt umzugehen. Seien wir ehrlich, jeder hätte diese Fähigkeit gerne.

DIFFERENZIERUNG UND DIMENSIONEN DES BEGRIFFS NUNCHI

Sie bekommen hoffentlich langsam eine Idee davon, was Nunchi bedeutet und wie es sich im alltäglichen Kontext zeigt. Trotzdem bleibt es ein abstraktes Konzept, das es vollständig zu verstehen und zu gliedern gilt. Man muss eine Struktur in sein Wissen über die koreanische Lebenseinstellung bringen, seine Dimensionen verstehen und es von anderen Denkansätzen abgrenzen.

Zuerst gilt es, kurz die Verwendung des Wortes Nunchi im Sprachgebrauch anzusprechen. Vielleicht haben Sie ja schon bemerkt, dass die Adjektive, die mit Nunchi in Zusammenhang gebracht werden, nicht zwischen gut und schlecht liegen, sondern zwischen langsam und schnell. Ein schnelles Nunchi wird als besonders vorteilhaft angesehen, während man versuchen würde, ein langsames Nunchi zu trainieren, um schneller zu werden. Diese Begriffe des Tempos erscheinen im Gespräch über das koreanische Konzept als sehr passend, da es gilt, eine Situation in möglichst kurzer Zeit zu verstehen. Je schneller also das Nunchi ist, desto weniger Zeit braucht man, um seine Mitmenschen zu durchschauen und sich an die Umstände anzupassen. Außerdem ist es von großer Wichtigkeit, den Unterschied zwischen Nunchi und Empathie zu verstehen und zu verinnerlichen. Oberflächlich scheint es um das Gleiche zu gehen. Man möchte die Menschen verstehen können, um ihr Verhalten besser nachvollziehen zu können. Dabei bedient man sich nicht nur expliziter Informationen, sondern berücksichtigt auch die Umstände. Obwohl dies auf beide Konzepte zutrifft, sind sie doch stark voneinander abgegrenzt. Bei Empathie fühlt man mit einer anderen Person mit und versetzt sich in ihre Lage. Man stellt sich detailliert vor, wie das eigene Leben aussehen würde, wenn man mit den Problemen des anderen umgehen müsste, und man kann sich auch dementsprechend die Gefühlslage der Person sehr intensiv vorstellen. Dies führt dann oftmals zu Mitleid oder zum Angebot von Hilfe. Nunchi verfolgt den Ansatz der emotionalen Nähe nicht. Man soll zwar die Menschen und ihre Gefühle, Stimmungen und Einstellungen erkennen und verstehen können, jedoch auf Gefühlsebene distanziert bleiben. Die koreanische Kultur spricht sich zum Teil sogar gegen Empathie aus oder sagt, dass man mit dieser in sehr geringem Maß umgehen sollte. Im Gegensatz zu Nunchi sorgt Empathie nämlich dafür, dass man sich zu sehr mit dem Leben und den Problemen anderer beschäftigt, anstatt auf sich selbst zu achten. Man darf nicht sein eigenes Wohlbefinden und seine eigenen Ziele aus den Augen verlieren.

Man könnte also sagen, dass jemand, der nach dem Prinzip des Nunchi lebt, die Probleme und Hürden einer anderen Person zwar versteht und nachvollzieht, ihr aber nur helfen wird, wenn das den eigenen Interessen hilft oder diese zumindest nicht behindert. Wenn beispielsweise jemand sein Auto verkaufen will, da er Geldmangel hat, wird eine Person, die Nunchi verfolgt, ihm nur den Preis geben, den das Auto wert ist, und nicht aus Mitleid einem höheren Preis zustimmen. Was zuerst etwas egoistisch klingt, ist eher als pragmatisch und realitätsnah zu interpretieren.
Man möchte sich durch Nunchi stabil in seinem Leben fühlen und sich nicht durch übermäßige Gefühlsschwankungen leiten lassen.

Um die verschiedenen Ebenen, auf denen man durch Nunchi arbeiten und Erfolg haben kann, besser zu verstehen, werden wir sie nun grob untergliedern.

Auf der kleinsten Skala ist Nunchi für das persönliche Leben wichtig. Man etabliert ein stabiles Sozialleben und weiß, wie man bestimmte Situationen handhaben sollte. Es gibt Menschen, die in solchen Situationen natürlich über viel Nunchi verfügen. Sie wirken immer, als wüssten sie, was sie tun, werden von Kellnern oder Barmännern sofort wahrgenommen, scheinen immer Spaß zu haben und führen ohne Unsicherheit oder peinliche Stille Smalltalk mit entfernten Bekannten. Aber auch, wenn es einem an natürlichem Nunchi fehlt, kann man lernen, sich passend zu verhalten und selbstsicher zu wirken. Auf dieser ersten Ebene nutzt man Nunchi für sein persönliches, soziales und privates Wohlbefinden, bestärkt sein Selbstvertrauen und kreiert ein gewisses Zugehörigkeitsgefühl.

Auf der zweiten Ebene nutzt man sein Nunchi für seinen professionellen Erfolg. Man erkennt Hierarchien, egal, ob ausgesprochen oder nicht, und findet sich in den Strukturen einer Firma oder eines ökonomischen Zweigs zurecht. Durch dieses Gefühl des Verständnisses für das Umfeld, in dem man arbeitet, weiß man, wie man sich daran anpasst, was benötigt wird und wo man selbst in diese Hierarchie hineinpasst.

Zuletzt kann man Nunchi auch auf der großen Skala betrachten. So meinen die Koreaner, als ganzes Land so erfolgreich und gut entwickelt zu sein, da sie Nunchi auf den Weltmarkt und die globalen Strukturen anwenden. Auf dieser dritten und letzten Ebene geht es nicht mehr um den persönlichen Erfolg eines Individuums, sondern um den Erfolg von Firmen, Branchen oder sogar Ländern. Korea hat zugegebenermaßen eine sehr rasante Entwicklung von einem armen, stark unterentwickelten Land zu einem wohlhabenden und modernen Land vollzogen, das unter anderem die Mobiltelefonindustrie dominiert. Das Land selbst argumentiert, dass es die globale Entwicklung beobachtet hat und so feststellen konnte, was die Entwicklung vorantreibt, welche Industriezweige in der Zukunft relevant bleiben werden und wo Marktlücken existieren.

Nunchi ist also weitaus mehr als eine Inspiration zum Pflegen sozialer Kontakte. Es kann signifikante Einflüsse auf die Karriere eines Individuums oder auch auf die lokale und globale Politik und Wirtschaft haben. Auf welcher Ebene man es anwenden möchte, hängt dabei natürlich vom Individuum ab.

URSPRÜNGE UND AUSBREITUNG VON NUNCHI

Nunchi, wie es eben erklärt wurde, hört sich nach einem sehr modernen Konzept an, das auf Karriere und Wirtschaft anwendbar ist. Aber in Korea wird Nunchi schon immer angewandt. Es ist ein Teil der Kultur und der Werte, die einem als Kind beigebracht werden, und nicht etwa ein moderner Trend der guten Lebensführung. Es geht nicht nur darum, im Beruf zu brillieren oder möglichst beliebt zu sein, sondern es wird in der koreanischen Sitte auch mit Respekt und Höflichkeit assoziiert.

Aber woher kommt Nunchi genau? Wann haben die Koreaner es in ihre Wertvorstellungen integriert? Wie hat es jetzt seinen Weg in den Westen geschafft? Nunchi und seine Grundprinzipien finden ihren Ursprung im sogenannten Konfuzianismus. Der Konfuzianismus ist die philosophische Lehre des Konfuzius, einem sehr einflussreichen und bekannten Philosophen, der um 500 vor Christus lebte. Seine Lehre, die als eine Mischung aus Religion und Morallehre zu verstehen ist, erfuhr vor allem im 17. Jahrhundert großen Aufschwung und zu dieser Zeit entstand auch der Begriff des Konfuzianismus. Dieser begründet sich in der Grundanschauung, dass der Mensch als Teil der Gesellschaft zu verstehen ist. Die fünf Tugenden Sittlichkeit, Gerechtigkeit, Menschlichkeit, Weisheit und Aufrichtigkeit sowie deren Einhaltung führen zur Festlegung der drei sozialen Pflichten Loyalität, Verehrung und Folgsamkeit gegenüber den Ahnen und Eltern sowie zur Wahrung des Anstands. Aus dieser kurzen Definition kann man schon viele Rückschlüsse auf Nunchi ziehen. Das Verstehen der sozialen Gefüge und das Einordnen seiner selbst in jene Hierarchie sind direkt auf die Folgsamkeit der Eltern und Ahnen zurückzuführen. In der koreanischen Kultur ist Respekt den Älteren und Höhergestellten gegenüber ein wichtiges Zeichen der Sitte und des Anstands. Man muss die sozialen Gefüge akzeptieren, um seinen

Platz in ihnen zu finden, und dabei ist es wichtig, die Überordnung gewisser anderer zu akzeptieren. Zur gleichen Zeit, zu der die Lehre des Konfuzius im 17. Jahrhundert wiederaufgenommen wurde, prägte sich auch der Begriff Nunchi. Da ebendiese Philosophie ihren Ursprung in einer chinesischen Provinz fand, ist es logisch, dass sich der Konfuzianismus, und somit auch der Begriff des Nunchi, vorwiegend im asiatischen Raum ausgebreitet hat.

Die Schriften des Konfuzius wurden zwar schon vor langer Zeit übersetzt und nach Europa gebracht, jedoch wurden sie bisher ausschließlich studiert und nicht gelebt. Die Vorstellung, dass Nunchi auch im Westen zu einer Art Lebenseinstellung werden könnte, ist noch sehr neu. Bisher hat man sich vorwiegend mit dem Buddhismus beschäftigt und andere östliche Philosophien und Einflüsse hauptsächlich als informativ angesehen, aber ohne die Intension, sie auszuleben. Die neu entstandene Faszination mit Nunchi kann wohl zum einen durch den Gesellschaftswandel begründet werden. Die westliche Kultur ist sehr individualistisch und die Menschen sind sehr darauf fokussiert, einen gesunden und erfüllenden Lebensstil zu verfolgen. Gleichzeitig nimmt die Konservativität immer weiter ab und durch die Globalisierung öffnet man sich zunehmend anderen Kulturen und Einflüssen. Eine östliche Philosophie und Lebensweise sind pauschal nicht mehr undenkbar und man würde zulassen, dass einige Aspekte des Lebens von ihr beeinflusst werden. Der Begriff und das dahinterstehende Konzept erfreuen sich immer mehr Popularität. Es werden zunehmend Bücher und Ratgeber geschrieben, die die Grundprinzipien und Denkweisen erklären und Anwendungstipps in der westlichen Welt bieten.

Zusammengefasst hat Nunchi einen langen Weg hinter sich. Es entwickelte sich aus einer fast vergessenen Philosophie, etablierte sich nach und nach im koreanischen Gedankengut und gewinnt nun an Relevanz auf den anderen Kontinenten und in anderen Kulturen. Wir werden sehen, wie weit Nunchi noch reist.

Die Koreanische Kultur und ihre Besonderheiten

Um das Konzept von Nunchi wirklich zu einhundert Prozent verstehen zu können, ist es wichtig, die koreanische Kultur mit all ihren Traditionen und Sitten kennenzulernen. Nunchi ist ein fundamentaler Teil davon und geht Hand in Hand mit anderen Konzepten und Werten dieser spannenden Nation. Damit Sie wirklich verstehen können, wo Nunchi herkommt und was es bedeutet, gilt es, zu verstehen, wie es mit anderen Aspekten der koreanischen Sitte zusammenhängt. Nur so können Sie dieses abstrakte Konzept wirklich verinnerlichen. Lassen Sie uns also von vorne anfangen.

DIE KOLLEKTIVISTISCHE KULTUR IN ASIEN

Wie Sie schon erfahren haben, liegt der Ursprung des Nunchi in Asien. Dies ist ein Kontinent, auf dem die Menschen ein anderes Leben führen als in Europa oder Amerika. Daher sind die Kultur und die Lebenseinstellung der Asiaten für uns oft sehr schwer zu begreifen. Ein verbessertes Grundverständnis hierfür wird auf lange Sicht auch das Verständnis für Nunchi verbessern.

Bei der asiatischen Kultur handelt es sich um eine kollektivistische Kultur. Das Gegenteil hierzu wäre die individualistische Kultur, die in westlichen Ländern, und somit auch in Deutschland, vorherrscht. Der Unterschied bedeutet einfach ausgedrückt, dass man sich in kollektivistischen Kulturen eher als Teil des Ganzen, als Mitglied einer Gruppe oder Gemeinschaft, sieht. In individualistischen Ländern ist man dagegen eher ich-Bezogen und auf seinen eigenen Erfolg und sein eigenes Wohlsein bedacht. Natürlich fühlt man sich trotzdem noch Gemeinschaften zugehörig, aber der Fokus liegt auf dem Selbst. In den kollektivistischen Kulturen ist es wichtiger, als Teil einer Gruppe erfolgreich zu sein, anstatt als Individuum zu brillieren. Man möchte in einer solchen Kultur gar nicht herausstechen, so, wie wir das im Westen gewohnt sind. Die Homogenität einer Gruppe wird als richtig und erstrebenswert angesehen. Sie führt entgegen der eigentlichen Erwartung nicht dazu, dass man faul wird, weil man keinen persönlichen Nutzen mehr aus seiner Arbeit in der Gemeinschaft zieht, sondern sie bewirkt viel eher großen Fleiß. Man möchte seinen Teil zur Gesellschaft, Gemeinschaft, Gruppe, Firma oder Familie beitragen und gibt sich daher viel Mühe in seinen Aufgaben, um die kollektive Leistung nicht herunterzuziehen. Dies führt unter anderem dazu, dass in anderen Regionen und Kulturen das Klischee der arbeitswütigen Asiaten sehr weit verbreitet ist.

Eine positive Konsequenz dieses Kollektivismus ist, dass die asiatische Bevölkerung durch eine sehr große Zufriedenheit der Individuen geprägt ist. Dadurch, dass sie nicht übermäßig nach großem Erfolg und unrealistischen Zielen streben, sondern ihr Glück in der Zugehörigkeit finden, verkörpern sie eine sehr positive Lebenseinstellung. Sie sind zufrieden, wenn sie ihren Beitrag bei ihrer Arbeit leisten können, wenn sie als Teil einer harmonischen Familie am Esstisch sitzen oder wenn sie Erfüllung in ihrem Glauben finden. Sie tragen ein sehr simples, aber erfülltes Leben zur Schau, in dem sie sich glücklich und gut fühlen.

In solchen kollektivistischen Kulturen, wie sie in Asien vorherrschen, ist Respekt gegenüber Älteren und Autoritäten sehr wichtig. Es ist unhöflich und unerwünscht, Respektspersonen zu widersprechen. So wird Kindern auch viel weniger beigebracht, ihre eigene Meinung zu formulieren und zu kommunizieren.

Es wird sowohl auf privater als auch auf staatlicher Ebene von Paternalismus gesprochen. Ein untergeordnetes Glied, also ein Kind oder die Bevölkerung, soll dem Übergeordneten, den Eltern oder dem Staat, Loyalität, Respekt und Vertrauen entgegenbringen. Dafür wird Verantwortung für den Untergeordneten und sein Wohlbefinden übernommen. Dieser Paternalismus ist stark von fundamentalen Werten wie Zusammenhalt und Achtung von Respektspersonen geprägt. Auch hier zeigt sich der Grundgedanke der kollektivistischen Kultur. Man soll seinen Platz im System oder in der Gesellschaft einnehmen und als Gruppe funktionieren.

Die Menschen, die heute die koreanische Insel bevölkern, finden ihre Ursprünge in einem anderen Teil Asiens. Die Anthropologie, Archäologie und auch die Analyse der Linguistik bestätigen, dass die Bevölkerungsgruppe, die wir heute als die Koreaner kennen, erst seit ca. 10.000 Jahren auf der Halbinsel leben. Sie kommen ursprünglich vorwiegend aus dem Norden Asiens, mit einigen Einflüssen aus anderen Regionen.

Diese Dominanz von asiatischen Vorfahren erklärt, warum die Koreaner eine Kultur verfolgen, die jener der anderen asiatischen Länder stark ähnelt. Obwohl man Korea heute also als eine Art Bindeglied oder als Mitte zwischen dem Osten und dem Westen bezeichnen kann, ist das Vorherrschen des asiatischen Einflusses doch sehr deutlich und man kann mit großer Gewissheit sagen, dass Korea eine kollektivistische und typisch asiatische Kultur und Lebenseinstellung verfolgt.

Vielleicht kann man auch so weit gehen, zu sagen, dass die asiatische Kultur mit ihrer Determination, ihrer Arbeitsbereitschaft und ihrer Gruppenzufriedenheit sowie aufgrund ihrer besonderen Attribute dafür gesorgt hat, dass Korea einen so schnellen wirtschaftlichen Aufschwung erfahren hat. Es ist nicht unberechtigt, zu vermuten, dass die asiatischen Werte, die auch in der koreanischen Gesellschaft vorherrschen, ein wichtiger Antriebsfaktor für die Entwicklung des Landes waren.

Auch wenn es für uns als Europäer schwierig ist, uns ein Leben in solch einer kollektivistischen Kultur vorzustellen und die entsprechenden Vorteile nachvollziehen zu können, so ist es doch wichtig, dass wir es wenigstens versuchen. Nur wer seinen Verstand hin zum Neuen und Ungewohnten öffnet und sich wirklich damit auseinandersetzt, wird am Ende die Mentalität und damit das Prinzip des Nunchi wirklich verstehen und anwenden können.

Nehmen Sie sich also kurz Zeit, um die Bedeutung des Kollektivismus wirklich wirken zu lassen. Stellen Sie sich einige Momente vor, wie es wäre, in einer solchen Gesellschaft zu leben und zu arbeiten, bevor Sie weiterlesen.

KONFUZIUS UND BUDDHA – LEITFIGUREN IN DER KOREANISCHEN KULTUR

In der koreanischen Kultur sind der Glaube und der Spiritualismus wichtige Einflüsse auf das Denken und Handeln eines Individuums. Diese Aspekte sind allgegenwärtig und sehr signifikant für das koreanische Gedankengut und die Werte, die die Bevölkerung dort verfolgt.

Welche Art von Spiritualismus ist überhaupt relevant für die Koreaner? Wie sind diese Strömungen entstanden? Welche Aspekte davon haben ihren Weg in die koreanische Kultur geschafft?

Verschaffen Sie sich einen Überblick über die spirituellen Einflüsse in Korea und lernen Sie Konfuzius und Buddha noch näher kennen.

Wie zuvor schon erwähnt, ist der Philosoph Konfuzius mit seiner Lehre von fundamentaler Bedeutung für die koreanische Kultur und ihre Sitten. Sie wissen schon, dass er 500 vor Christus lebte und seine Lehre aus den fünf Grundprinzipien und den drei sozialen Pflichten besteht. Konfuzius Grundanschauung ist von Sittlichkeit, Ahnenverehrung, Gerechtigkeit und Weisheit geprägt. Aber das war bei Weitem noch nicht alles. Es gehören noch viele weitere relevante Aspekte zu seiner Lehre, von denen viele ebenfalls große Bedeutung für die koreanische Kultur haben.

Der Konfuzianismus beschäftigt sich ausschließlich mit dem Menschen selbst und seiner irdischen Existenz. Das Nachdenken über Gott und seine Existenz oder das blinde Vertrauen in eine höhere Macht wird für sinnlos und nicht zielführend gehalten. Statt sich mit einer Gottheit auseinanderzusetzen, legt Konfuzius den Fokus des Handelns auf die Tugend und Sittlichkeit. Es gilt, sich ehrlich und richtig zu verhalten und nach seinem besten Wissen und Gewissen zu agieren. Diese Einstellung des Konfuzius zu Gott ist wohl mitunter der Grund, dass sich in Korea, und auch sonst in Asien, nie eine wirkliche Religion etabliert hat.

Zwar sind die verschiedenen spirituellen Wege, die viele Asiaten verfolgen, einer Religion ähnlich, da sie eine gewisse Grundeinstellung vermitteln, trotzdem verehren sie keine unbekannte, übernatürliche Gottheit. In Asien liegt der Fokus auf dem Realistischen und Möglichen, dem Irdischen, und nicht auf dem Übergeordneten. Man glaubt an die Gesellschaft als Ganzes und an die Menschen um sich herum, jedoch nicht an einen Gott.

Konfuzius war zu seiner Zeit selbst Minister oder Berater und beschäftigte sich somit nicht nur mit seinen philosophischen Grundsätzen, sondern wandte seine Anschauungen auch aktiv in der damaligen Politik an. „Der Fürst sei der Fürst, der Diener sei der Diener", ist ein Zitat des berühmten Philosophen und macht seine Einstellung zur Hierarchie und den Machtgefügen sehr deutlich. Er hielt nichts von Machtkämpfen und war der Meinung, dass man die gegebenen Strukturen einfach annehmen und seinen Platz in ihnen kennen sollte. Auch das erinnert sehr an den heutigen Kollektivismus, in welchem dem Staat Vertrauen und Loyalität entgegengebracht wird und man sich seiner Stellung in den sozialen Gefügen bewusst ist. Man erkennt seine Aufgabe in der Familie, in der Arbeit und auch in der Gesellschaft als Ganzes und hinterfragt diese nicht dauerhaft oder strebt nach mehr.

Man kann also erkennen, dass die Lehren des Konfuzius einen sehr starken Einfluss auf die Wertebildung und Kultur in Korea genommen haben. Allerdings ist der Konfuzianismus nicht die einzige Strömung, die ausschlaggebend für die koreanischen Anschauungen ist. Auch Buddha gilt als maßgeblicher Beeinflusser der gesellschaftlichen Strukturen und Lebensweisen.

Eigentlich jeder kennt heutzutage den Begriff Buddhismus, aber nur die wenigsten wissen mehr über diese Art von Spiritualität. Obwohl der Buddhismus oftmals als Religion bezeichnet wird, ist es wohl eher eine Art von Spiritualität.

Denn genau wie beim Konfuzianismus verehrt man keinen Gott. Buddha ist nämlich keine Gottheit, sondern ein Zustand der Erleuchtung, den man erreichen kann. Diese Erleuchtung ist grundsätzlich jedem Menschen möglich, es gibt also keine Überordnung und keine Übermenschlichkeit einer Gottheit. Der erste Mensch, der den Zustand der Erleuchtung erreichte, hieß auch nicht Buddha, sondern Sidddharta Gautama. Buddha ist also wirklich nur der Name des Zustands und nicht der Person. Wenn der Buddha erreicht ist, kommt man ins Nirwana und findet dort alle Antworten und Einsichten, die man sich wünscht. Man ist also erleuchtet.

Dieser Glaube daran, dass man die Erleuchtung selbst, ohne überirdische Beihilfe eines Gottes, erreichen kann, hat weiterhin dazu beigetragen, dass Asien ein Kontinent ist, auf dem die Spiritualität der Religion überwiegt.

In den vier edlen Weisheiten, die das Fundament des Buddhismus bilden, heißt es, dass das Leben Leiden bedeutet und dass man dieses Leid überwinden kann, wenn man das Begehren aufgibt. Mönche, die dem Weg Buddhas folgen, entledigen sich daher all ihrer Besitztümer. In einer sehr stark abgeschwächten und modifizierten Auslegung kann man einen Hauch dieser Philosophie auch in der koreanischen Kultur feststellen. Natürlich besitzen die Koreaner Güter und sie sind auch einem gewissen Materialismus unterlegen, aber trotzdem begehren sie weniger, als man es in westlichen Kulturen tut. Die Europäer und Amerikaner sind meist von einem Gefühl der ständigen Verbesserung getrieben.

Man arbeitet, um befördert zu werden und mehr Status zu erlangen. Man verdient Geld, um sich ein neues Auto kaufen zu können. Man lernt in der Schule, um gute Noten und somit Achtung zu bekommen. Man tut alles mit einem gewissen Ziel oder Kausalzusammenhang. Die Koreaner tun das auch, aber weniger wegen des persönlichen Begehrens, sondern vielmehr aus kollektivistischen Beweggründen.

Zum Beispiel arbeiten sie, damit ein Projekt erfolgreich wird und nicht, damit sie Anerkennung gewinnen. Natürlich hat diese Art von Lebenseinstellung keinen direkten Zusammenhang mehr mit dem Buddhismus, aber trotzdem bemerkt man einen gewissen Zusammenhang in der Mentalität.

Zusammenfassend kann gesagt werden, dass sowohl der Konfuzianismus als auch der Buddhismus einen signifikanten Beitrag zur Entstehung und Formung der koreanischen Anschauungen geführt hat. Der Fokus auf Loyalität, Sitte und der Verehrung der Übergeordneten, der schon lange von Philosophen gepredigt wird, hat sich bis heute durchgesetzt und dominiert die Werte der Kultur ebenso, wie die ausgeprägte Spiritualität, die nie auf eine Gottheit, sondern immer auf den Menschen selbst bezogen war. Die Einstellung der Asiaten rührt unter anderem daher, dass sie sich selbst für ihr Leben und ihre Zukunft sowie für ihre eventuelle Wiedergeburt verantwortlich fühlen und durch ihre Taten selbst bestimmen, wie gut ihr Karma ist und wie gut somit ihr nächstes Leben wird. Die Tugendhaftigkeit bildet das Fundament allen Handelns.

ZWISCHEN HIGH-TECH UND SPIRITUALITÄT

Was Sie bis jetzt alles über die koreanische Kultur und Lebenseinstellung erfahren haben, ist nur schwer mit dem Wissen über Wirtschaft und Politik in Korea vereinbar. Man weiß über Südkorea, dass es in der Technik- und Automobilindustrie eines der führenden Länder ist und den Weltmarkt dominiert. Jeder in Europa kennt Konzerne wie Samsung, LG, Kia oder Hyundai, die in Südkorea zuhause sind. Die südkoreanische Wirtschaft dominiert also in sehr modernen und zukunftsorientierten Branchen. Dieses Wissen ist nur schwer mit der traditionsbeladenen Kultur und Lebenseinstellung des Landes unter einen Hut zu bringen. Aber vielleicht ist das ja die perfekte Mischung.

Der wirtschaftliche Aufschwung Koreas passierte rasant. In nur 30 Jahren verdreifachte das Land sein Bruttoinlandsprodukt. Diese Entwicklung ist beeindruckend, vor allem, wenn man bedenkt, dass Südkorea in den 1950ern noch in Trümmern lag und all seine Ressourcen für den Koreakrieg verwendete, in dem sie gegen das Nachbarland Nordkorea ankämpften, das die gesamte Halbinsel unter kommunistische Gewalt bringen wollte. Nachdem dieses Unterfangen Nordkoreas scheiterte, konnte der Süden langsam beginnen, sich von dem Krieg zu erholen, aus dem es 1953 als eines der ärmsten Länder der Welt hervorging.

Die schnelle Entwicklung Südkoreas begann unter dem Präsidenten Park Chung-hee, der beispielsweise Konzerne staatlich finanzierte und sich durch schnell wachsende, erfolgreiche Unternehmen rasch am Weltmarkt beteiligen konnte. Es wurden viele Handelsabkommen mit anderen wirtschaftsstarken Ländern geschlossen, darunter viele in Europa und Amerika. Auch ein Abkommen mit der EU fand statt. Südkorea wurde somit zu einer der stärksten Exportmächte, vor allem für Handys und Autos, und behauptet sich tapfer in der globalisierten Welt.

Während sich das Land wirtschaftlich so schnell entwickelt hat und die Industrie so rasant gewachsen ist, hat die Kultur dies nicht getan. Die Wertvorstellungen der Koreaner, ihr Fokus auf harte Arbeit und den Paternalismus, sind bestehen geblieben. Anders als in den westlichen wirtschaftlich starken Ländern gab es keine sehr signifikante Modernisierung der Lebenseinstellung. Es liegt nahe, zu vermuten, dass der wirtschaftliche Aufschwung so schnell stattgefunden hat, dass die Kultur gar keine Chance hatte, sich ebenso zu reformieren. An Traditionen wird immer lange festgehalten und gesellschaftliches Gedankengut ändert sich nur schleichend. So lässt sich also begründen, warum Südkorea zwischen einer so modernen, wirtschaftsstarken Industrie und so tiefreichenden und konservativen kulturellen Einflüssen steht.

Aber vielleicht ist das gerade der große Vorteil des Landes. Durch eine kollektivistisch geprägte und fleißige Bevölkerung ist es dem Land möglich, effizient und vorausschauend zu arbeiten und somit in neuen Erfindungen und Verbesserungen der Technik eines der am besten entwickelten Länder zu sein. Die Spiritualität, die weiter von großer Signifikanz im Leben jedes Koreaners ist, ermutigt diese immer, ihr Bestes zu geben und hart zu arbeiten, was der Wirtschaft nur zugutekommt.

Vielleicht ist also die Gratwanderung zwischen Spiritualität und Tradition auf der einen Seite und High-Tech und Wirtschaft auf der anderen Seite das perfekte Rezept für einen erfolgreichen Staat.

ACHTSAMKEIT ALS TUGEND

Es heißt, dass die östlichen Kulturen einen sehr großen Wert auf Achtsamkeit legen. Sie ist fundamental wichtig für die alltägliche Lebensweise dieser Menschen. Aber was genau bedeutet Achtsamkeit eigentlich? Es ist ein schwammiger Begriff, bei dem viele nicht richtig wissen, was er aussagen soll. Und wieso ist diese ominöse Achtsamkeit so relevant? Was bringt sie eigentlich? Lassen Sie uns dieses abstrakte Konzept etwas besser kennenlernen und verstehen.

Im Sinn des Worts bedeutet Achtsamkeit erst einmal, etwas zu achten, genauer gesagt, immer zu achten. Dabei kann es darum gehen, auf den Weg zu achten, auf die Stimmung anderer zu achten oder auf die Musik im Hintergrund zu achten. Man lenkt also seine Aufmerksamkeit auf etwas und nimmt es bewusst wahr. Im Sinne des Buddhismus und der Spiritualität geht es dann eher darum, auf sich selbst zu achten. Das klingt erst einmal banal, weil man ja immer auf seine Handlungen und Taten fokussiert ist, aber die gemeinte Achtsamkeit ist eher auf einer spirituellen Ebene zu verstehen. Man soll sich die Zeit nehmen, sich einfach nur mit sich selbst zu beschäftigen und nicht mit einer Aufgabe oder einem Ziel. Dies passiert zum Beispiel durch Meditation. Dabei sitzt man, atmet ganz bewusst und versucht, sich nur auf sich selbst und seine eigene Atmung zu konzentrieren. Man achtet also auf sich selbst und ist einen Moment nur für sich, ohne eine Agenda oder ein höheres Ziel.

Aber was bringt es, auf sich selbst zu achten? Es bringt Ruhe und Entspannung. In einer so hektischen Welt wie der unseren, in der man immer etwas zu tun hat und es immer einen Ort gibt, an dem man sein könnte, passiert es nämlich viel zu selten, dass man einfach einmal herunterfährt. Es kann ein Geschenk sein, sich einfach einmal mit nichts zu beschäftigen und seine Gedanken zur Ruhe kommen zu lassen. Das bringt langfristig eine größere Ausgeglichenheit sowie Besonnenheit mit sich.

Dadurch, dass die Südkoreaner, so, wie die meisten asiatischen Kulturen, sehr auf ihre Achtsamkeit bedacht sind und diese sogar als Tugend ansehen, tragen sie sowohl Ruhe als auch Besonnenheit in sich. Sie ermöglicht ihnen Gelassenheit und Überlegtheit, die ihren Alltag sehr angenehm machen. Hier kann man auch einen Zusammenhang zum Nunchi ziehen. Wer die Tugend der Achtsamkeit für sich selbst beherrscht und regelmäßig praktiziert, dem wird es auch leichter fallen, ein schnelles Nunchi zu erreichen, da er ruhig und überlegt ist und so die Gabe des Zuhörens beherrscht. Vielleicht kann man sich Nunchi sogar als eine Art Achtsamkeit vorstellen, die sich aber, statt auf sich selbst, auf andere und auf Räume bezieht. Denn auch bei Nunchi muss man mit Achtung für das Befinden anderer sowie mit Ruhe und Überlegtheit arbeiten, um die richtigen Schlüsse zu ziehen und die Situation richtig zu bewerten.

Achtsamkeit ist also der Schlüssel zur Ausgeglichenheit. Die meisten kennen bestimmt Situationen, in denen einem alles über den Kopf wächst und man gar nicht weiß, was man tun soll.

Oder man sagt unüberlegt Dinge, wird aufbrausend und verletzt so jemanden. All diesen Situationen wird vorgebeugt, wenn man Achtsamkeit praktiziert. Denn wenn man mit einem kühlen Kopf und der nötigen Ruhe an eine Situation herangeht, dann kann man sie auch meistern. Wenn man ruhig bleiben kann, sagt man nichts Unüberlegtes und man wird nicht ausfallend. Wenn man die Tugend der Achtsamkeit beherrscht, hat man schon den ersten Schritt in Richtung der Erreichung von Nunchi gemacht.

Die Grundprinzipien von Nunchi

Nachdem Sie sich ausgiebig mit der koreanischen Kultur und damit mit dem Ursprung des Nunchi befasst haben, gilt es nun, die verschiedenen Grundprinzipien im Detail zu betrachten. Sie wissen bereits, was Nunchi grob bedeutet, und haben bestimmt auch schon eine Idee von seinen Grundpfeilern, sodass Sie auf diesem Grundwissen aufbauen und die Aspekte dieser Spiritualität in ihrer Gänze und Tiefe kennenlernen können.

INTUITION

Die Intuition gilt als der Grundpfeiler des Nunchi. Sie stellt das Fundament und den Ausgangspunkt des Denkens und Handelns dar. Aber wie genau ist der Begriff Intuition im Zusammenhang mit Nunchi zu verstehen?

Intuition könnte man grob als ein bestimmtes Bauchgefühl beschreiben, aus welchem heraus man Entscheidungen trifft. Dieser Zusammenhang zeigt sich auch in der Redewendung, „Tu das, was dein Bauch dir sagt". Wenn man diesen Ratschlag von jemandem bekommt, meint er damit, dass man auf seine Intuition, also auf seine erste Idee oder auf das, was einem subjektiv am besten erscheint, hören sollte. Die Intuition ist aber schwer greifbar, da das Konzept an sich besagt, dass man auf Ideen und Gedanken hören sollte, von denen man nicht weiß, wo sie herkommen oder warum man sie hat. Man kann nicht logisch begründen, warum man eine gewisse Einstellung oder Handlung in einer Situation für richtig hält.

Wer natürlich, also auch ohne Übung, ein schnelles Nunchi hat, macht intuitiv immer das Richtige. Er verhält sich in Gruppen passend und sagt in Konversationen immer das Angebrachte. Menschen mit schnellem Nunchi haben also eine gute Intuition. Wer kein natürlich schnelles Nunchi hat, möchte langfristig daran arbeiten, seine Intuition zu verbessern, um Situationen besser lesen zu können und sich dementsprechend passend zu verhalten. Denn wie Sie sich erinnern, sagt das Nunchi aus, wie gut man eine soziale Situation richtig interpretieren kann. Dabei ist auch das Unausgesprochene von großer Bedeutung, weswegen aufmerksames Zuhören allein nicht ausreicht - man benötigt auch eine gute Interpretationsgabe für die Situation.

Im Zusammenhang von Nunchi meint man mit Intuition also etwas anderes als im normalen Sprachgebrauch, auch, wenn der Unterschied nur minimal ist. Das Konzept des Nunchi nimmt nämlich an, dass man seine Intuition trainieren und verändern kann. Dies widerspricht ein wenig der

Anschauung, dass die Intuition immer der erste Gedanke ist. In Korea verfolgt man die Ansicht, dass bei Menschen, die von Natur aus ein eher langsames Nunchi haben, die Intuition vielleicht nicht automatisch der richtige Weg ist. Sie müssen lernen, unter ihren Gedanken den Richtigen zu finden, und durch wiederholte Anwendung der Entscheidungen herausfinden, welche ihrer intuitiven Gedanken angebracht und passend sind und welche nicht. So trainieren sie ihre Entscheidungsfindung, bis dieser Prozess zur Intuition wird. Durch diese langfristige Übung kann man also lernen, seine Intuition anzupassen und zu optimieren.

Mit Nunchi möchte man Situationen intuitiv richtig einschätzen. Es ist also logisch, dass die Intuition damit das Fundament dieses spirituellen Wegs bildet. Wer nicht bereit oder in der Lage ist, seine Intuition zu optimieren, wird große Schwierigkeiten haben, die Kunst des Nunchi zu verstehen und anzuwenden.

Sie könnten sich an dieser Stelle fragen, ob Sie schon wissen, wie gut Ihre Intuition ist. Treffen Sie oftmals richtige Entscheidungen aus einem Gefühl heraus? Oder gehen Ihre gut gemeinten Entschlüsse eher nach hinten los? Haben Sie das Gefühl, intuitiv sagen zu können, wenn es einer nahestehenden Person schlecht geht, oder fallen Sie eher aus allen Wolken, wenn Ihnen jemand erzählt, dass er gerade eine schwere Zeit durchmacht? Seien Sie ehrlich mit sich selbst, denn nur wer sich seiner Schwächen bewusst wird, kann an ihnen arbeiten. Nehmen Sie sich einen Moment Zeit, um herauszufinden, ob Ihre peinlichsten Situationen mit einer schlechten Intuition begonnen haben oder ob Sie das Gefühl haben, dass Sie Ihre größten Erfolge einem guten Bauchgefühl zu verdanken haben.

RESPEKT

Respekt hat eine sehr zentrale und wichtige Stellung in der Gesellschaft der Asiaten. Schon Konfuzius legte großen Wert auf die Verehrung der Älteren und Ahnen und sagte damit aus, dass die Erbringung von Respekt auch nach dem Tod einer Person nicht aufhört. Die Werte und die Kultur Koreas sind, genau wie in anderen Teilen Asiens, durch dieses fundamentale Verständnis für Hierarchie und Ordnung geprägt. Es ist also kein Wunder, dass das Konzept des Nunchi auch stark damit verwoben ist.

Es gilt, nicht nur anderen Respekt entgegenzubringen, sondern auch, sich selbst zu respektieren. Denn man muss mit sich selbst und seinen Entscheidungen im Reinen stehen, um zu verstehen, was Respekt bedeutet. Wer nicht zu seinen Gedanken und Taten stehen kann, sondern sich so sehr für sie schämt, dass er versucht, sie zu vertuschen oder anders darzustellen, der hat es nicht geschafft, sich selbst genügend zu respektieren. Nur derjenige, der das meistert, ist auch wahrhaftig in der Lage, andere zu respektieren.

Respekt gegenüber den entsprechenden Personen ist ein Wert, der in den meisten Ländern eine große Bedeutung hat. Wenn einem jemand übergeordnet ist, egal, ob auf familiärer oder beruflicher Ebene oder in einem anderen Kontext, so sollte man diesen auch respektvoll behandeln. Das bedeutet, dass man ihn höflich anspricht, eventuell auch siezt, seine Entscheidungen akzeptiert und nicht hinterfragt und seine Macht im Kontext anerkennt. So sind in einem Lehrer-Schüler-Verhältnis die Lehrer als Autoritätspersonen zu bewerten, denen man Respekt entgegenbringen sollte. Unter den Lehrern wird aber nochmals differenziert, dort sollen dann beispielsweise die Lehrer dem Direktorat Respekt entgegenbringen. Natürlich sollte man sich gegenseitig auch auf der gleichen hierarchischen Ebene respektieren, allerdings wird es dabei meist eher als guter Umgangston wahrgenommen anstatt als Respekt.

Im Lesen eines Raums, also im Nunchi, ist es wichtig, diesen Respekt mit in den Raum zu bringen. Neben dem Respekt für die einzelnen Personen ist dabei auch der Respekt für die Situation und die Atmosphäre wichtig. Man sollte den Raum nicht stören, sondern sich in ihn eingliedern. Nur wer das wirklich versteht, kann sich eines schnellen Nunchi bedienen. Im Raum selbst herrscht vermutlich schon eine hierarchische Struktur, wenn man ihn betritt. Es ist deutlich, wer wem übergeordnet ist und wer wem mehr Respekt zu erbringen hat. Bei der Anwendung von Nunchi ist es fundamental, diese Struktur zu wahren und sich in sie einzugliedern. Obwohl Nunchi einem langfristig zu seinem eigenen Vorteil dient, darf man nicht versuchen, einen Platz einzunehmen, der einem noch nicht zusteht. Man muss die Machtverteilung und Dynamik respektieren und sich passend in diese eingliedern. Wenn man in ein Geschäftsmeeting hineinläuft, sollte man nicht versuchen, dem Leiter des Meetings seine Aufgabe streitig zu machen. Wenn man auf einer Geburtstagsparty ist, sollte man nicht anfangen, die Aktivitäten koordinieren zu wollen.

Respekt bedeutet also vieles. Der Respekt zu sich selbst bedeutet, seine Handlungen und Gedanken zu akzeptieren und zu ihnen zu stehen. Respekt den anderen gegenüber bedeutet, ihnen mit Freundlichkeit entgegenzutreten und ihre Position anzuerkennen. Respekt der Struktur gegenüber bedeutet, dass man die Hierarchie, die in der Situation herrscht, erkennt, akzeptiert und in ihr seinen Platz findet.

SENSIBILITÄT

Sensibilität – ein weiterer sehr abstrakter Begriff, mit dem man sich auseinandersetzen muss, um das Konzept von Nunchi vollends zu durchschauen. Ist Sensibilität nicht fast das Gleiche wie Einfühlungsvermögen oder Empathie? Oder steckt doch wieder mehr dahinter, als man denkt? Finden Sie auch bei diesem wichtigen Prinzip heraus, wie man es verstehen könnte und wie man es im Nunchi interpretieren und anwenden kann.

„Du bist so sensibel", das ist im deutschen Sprachgebrauch fast gleichzusetzen mit, „Du bist so empfindlich", oder der Satz, „Sei doch mal nicht so unsensibel", bedeutet eigentlich, „Zeige etwas mehr Verständnis". Aber treffen diese Floskeln wirklich die Bedeutung von Sensibilität? Wir verstehen unter Sensibilität die Fähigkeit, die Gefühle anderer zu erkennen und auch zu verstehen. Man ist einfühlsam und zeigt Mitgefühl. Gleichzeitig wird der Begriff aber auch als Ausdruck dafür verwendet, dass man Dinge zu schnell an sich heranlässt und emotional wird oder sich verletzt fühlt. In diesem Zusammenhang wird die Sensibilität eher als Schwäche verstanden, die unerwünschte Gefühlsausbrüche bezeichnet. Aber ist Sensibilität wirklich eine Schwäche?

In der koreanischen Kultur bedeutet sie eher das Gegenteil, sie wird aber auch wieder etwas anders verstanden, als es für uns üblich ist. Sensibilität bedeutet unter anderem, dass man die Gefühle einer anderen Person gut erkennen kann. Da drängt sich in unserem Kopf sofort der direkte Zusammenhang zu Nunchi auf. Das Ziel dieser Praxis ist es ja, die Menschen zu lesen und zu wissen, wie sie sich fühlen, um ihr Verhalten besser voraussagen und verstehen zu können. Die Sensibilität ist also ein essenzielles Prinzip für die Verbesserung seines Nunchi. Die Sensibilität ist auch mit einer gewissen Zartheit und Zurückhaltung assoziiert, die einem helfen können, seine Umwelt besser zu verstehen. Im Erlernen des Nunchi ist es von äußerster Wichtigkeit, eher zum Zuhören und Beobachten zu tendieren, als aktiv mitzuwirken. Die Sensibilität als Tugend und grundlegendes Prinzip weist also auch hier eine Verknüpfung zur Kunst von Nunchi auf.

Wo sich das koreanische Verständnis von Sensibilität allerdings von dem unseren unterscheidet, ist im Aspekt des Mitfühlens. Auch in Korea soll man Verständnis für andere und ihre Probleme oder Gedanken aufbringen, jedoch mit einer größeren emotionalen Distanz, als wir es hier in Deutschland gewohnt sind. Man ist nicht so persönlich mit seinen Gefühlen involviert, sondern zeigt lediglich ein großes Verständnis, das aber noch auf rationaler Ebene bleibt. Es wird wieder eine deutliche Grenze zwischen dem koreanischen Nunchi und der westlichen Empathie gezogen, die es nicht zu überschreiten gilt. Denn wenn man sich zu sehr emotional auf das Leben einer anderen Person einlässt, verliert man den Fokus auf sich selbst und seine eigenen Bedürfnisse. Man sollte andere verstehen und mit ihnen fühlen, aber deswegen nicht den Weg ändern, den man selbst eingeschlagen hat. Man muss den perfekten Weg zwischen der Sensibilität und der emotionalen Distanz finden, denn man möchte andere verstehen, aber nicht sein ganzes Leben auf sie ausrichten.

Die Sensibilität ist also eindeutig als Stärke und keinesfalls als schwache Gefühlsduselei zu verstehen. Sie zeichnet sich durch Ruhe, Zurückhaltung und Verständnis aus und trägt in großen Stücken dazu bei, ein schnelles Nunchi zu erreichen. Dennoch ist sie eindeutig von Empathie und übermäßiger Emotionalität abzugrenzen.

VERBUNDENHEIT

Verbundenheit kann viele Dimensionen annehmen. Sie beschreibt Zusammenhänge und Verbindungen, aber was genau verbunden wird, wird allein aus dem Begriff nicht klar. Sind es emotionale Verbindungen unter Menschen, wie zum Beispiel in Liebesbeziehungen, oder zwischen Eltern und Kindern? Oder geht es mehr darum, sich mit einem Ort, der viele Erinnerungen heraufbeschwört, verbunden zu fühlen? Vielleicht geht es auch ganz pragmatisch darum, dass kausale Zusammenhänge zwischen Fakten oder Aktionen existieren?

Verbundenheit kann all das bedeuten, es kommt dabei nur auf die Umstände an, in denen der Begriff fällt. Ein Laie würde aus spiritueller und philosophischer Sicht vermuten, dass man mit Verbundenheit ein Gefühl der subjektiven Nähe meint. Zum Beispiel würde sich vielleicht eine Mutter, die ihren Mann aufgrund einer Krankheit verloren hat, sich einer Frau, die einen ähnlichen Schicksalsschlag erlitten hat, verbunden fühlen.

Diese Art von Verbundenheit ist bei den Prinzipien des Nunchi jedoch nicht gemeint. Es geht eher darum, dass man versteht, dass alle Ereignisse zusammenhängen. Handlungen und Aktionen bedingen Reaktionen, die wieder zu neuen Reaktionen führen. Man darf einzelne Momente nicht isoliert betrachten, sondern immer im Zusammenhang mit allem, was außen herum passiert. Eine Person handelt selten aus dem nichts, sondern immer mit Grund, Motivation oder Anstoß dazu. Es existiert also in allem, was passiert, eine Verbundenheit. Man beschreibt dieses Phänomen, indem man sagt, „Alles ist im Fluss". Gedanken und Handlungen sind eine Strömung von Aktionen, die ineinander verfließen.

Wenn wir also Nunchi auf einen Raum anwenden, müssen wir uns im Klaren darüber sein, dass die Personen, die interagieren, aufeinander reagieren und nicht voneinander losgelöst handeln. Diese Einsicht hat große Relevanz dafür, ob wir eine Situation richtig interpretieren, ob wir den

Raum richtig lesen können. Um das Nunchi zu trainieren, muss man also versuchen, jede Handlung, die stattfindet, und jede Aussage, die getroffen wird, in den Zusammenhang des großen Ganzen einzuordnen. Man muss verstehen, was die Aktion bedingt hat und warum dem so war. Man muss den stetigen Fluss der Situation aufmerksam verfolgen, um zu jedem Zeitpunkt zu verstehen, was gerade passiert. Dabei ist es irrelevant, ob man einfach ein argumentatives Gespräch verfolgt, bei dem die beiden Gesprächspartner aufeinander eingehen, oder ob es sich um die komplexe Planung und Durchführung eines Projekts handelt. Die Verbundenheit ist allgegenwärtig und sollte auf keinen Fall außer Acht gelassen werden.

Wenn Sie also in Zukunft um sich schauen und Ihre Umgebung aktiv wahrnehmen wollen, legen Sie besonderen Fokus darauf, die eben erklärte Verbundenheit zu sehen. Verstehen Sie, warum Ihr guter Freund oder Partner so aufbrausend reagiert hat? Liegt es an dem, was Sie gesagt haben oder steht es im Zusammenhang mit etwas anderem? Vielleicht war es ein schlechter Tag an der Arbeit oder ein Streit mit einer dritten Person, der ihn so reizt. Wenn Sie nachvollziehen können, wie Dinge verbunden sind und wo kausale Zusammenhänge versteckt sind, fällt es Ihnen leichter, Ihre Mitmenschen zu verstehen. Sie können sie besser lesen und ihre Stimmung antizipieren. So lernen Sie, soziale Situationen richtig zu interpretieren, und Sie verbessern die Schnelligkeit Ihres Nunchi.

Das lässt sich ganz einfach jeden Tag üben, indem Sie Ihre Umgebung aktiv wahrnehmen. Fangen Sie gleich an, sich umzusehen und das Netz aus Verbundenheit festzustellen, das Sie umgibt.

AUGENMAß

Der Begriff „das Augenmaß“ ist in etwa die Übersetzung des Begriffs Nunchi. Wir nähern uns also immer mehr dem Kern des Konzepts an. All die Prinzipien, die bis jetzt ausgeführt und erklärt wurden, führen zu dem hin, was man in der Welt von Nunchi als Augenmaß versteht. Und das ist nicht etwa die richtige Schätzung von Maßen oder Mengen, sondern vielmehr die richtige Einschätzung der Situation. Die Übung der Intuition, der Respekt für die Situation, die Sensibilität für andere und das Verständnis für die Verbundenheit der Geschehnisse addieren alle dazu auf, dass man mit bloßem Auge eine Situation verstehen kann. Man kann nur durch Körperhaltungen, Mimik oder gewisse implizite Stimmungen erkennen, in welche Situation man sich begibt.

Bei Nunchi ist es deswegen so wichtig, auch die impliziten Hinweise wahrzunehmen und zu verstehen, weil in Korea eine High-Kontext-Kultur vorherrscht. Dies bedeutet, dass gewisse Meinungen und Einstellungen nicht immer direkt angesprochen werden, sondern sich vielmehr in der Gruppendynamik und Körpersprache äußern. Man kann also durch gute sprachliche Fähigkeiten noch nicht viel von der Situation richtig beurteilen. Die Koreaner legen so großen Wert auf höfliche und respektvolle Umgangsformen, dass sie nicht zu offener Kritik oder Konfrontationen neigen.

Mitunter mag das daran liegen, dass Nunchi sich immer wieder selbst bedingt, wie in einer fortlaufenden Schleife. Die Philosophie hält einen dazu an, zurückhaltend zu sein und mehr zu beobachten, als zu sprechen. Wenn jeder im Raum diesen Grundsatz verfolgt – und das passiert in Korea, da jedem Nunchi als Wert in die Wiege gelegt wird –, so bleibt einem nichts anderes übrig, als auf implizite Hinweise zu achten. Und weil dadurch dann eine High-Kontext-Kultur entsteht, bleibt einem nichts anderes übrig, als Nunchi anzuwenden. Es handelt sich also, wie gesagt, um einen immer fortlaufenden Kreislauf.

Durch das richtige Augenmaß schafft man es also, komplexe soziale Situationen richtig zu verstehen, und behält dabei trotzdem das richtige Maß an Abstand und Distanziertheit. Man involviert sich nicht emotional in die Geschehnisse der Situation, was einem das nötige Maß an Ruhe gibt, welches man benötigt, um die Situation zu seinem Vorteil zu meistern. Denn wer sich einer Situation mit dem richtigen Augenmaß annähert, kann das Verständnis, die Sensibilität und den Respekt passend ausspielen, um sich selbst in der Gruppe zu profilieren und seine Ziele zu erarbeiten. Wenn man weiß, wie seine Mitmenschen ticken, dann weiß man auch, welche Impulse sie brauchen, um sich hilfreich für den eigenen Vorteil zu verhalten.

Mit dem richtigen Augenmaß hat man die wichtigsten Aspekte für ein schnelles Nunchi gemeistert, kann in sozialen Situationen ohne Probleme navigieren und diese vielleicht schon zu seinem Vorteil nutzen. Das Augenmaß bringt Ruhe und Sicherheit in den Alltag.

STILLES BEOBACHTEN

Wie zuvor schon erwähnt, sieht der Weg des Nunchi die Zurückhaltung und die stille Beobachtung vor. Man sollte mehr zuhören, als selbst reden, da es einem sehr hilft, etwas über die Personen um einen herum zu erfahren. Es geht bei einem Gespräch nicht darum, zu warten, bis man selbst wieder etwas sagen kann, sondern darum, wirklich zu verstehen, was der andere einem gerade mitgeteilt hat. Es klingt banal, wie etwas, was jedes Kind kann, aber tatsächlich vergisst man im Alltag oft, einfach zuzuhören. Ein wichtiger Schritt ist es also, andere Personen sprechen zu lassen, ohne währenddessen schon die Intention zu haben, selbst etwas beizutragen. Man muss nämlich nicht immer sofort etwas erwidern oder in einem Gruppengespräch zu jeder Aussage einen Beitrag leisten.

Stille zwischen zwei Menschen ist absolut in Ordnung, genauso wie die Tatsache, dass man sich für eine überlegte Antwort Zeit lässt. Viele Menschen finden eine entstehende Stille unangenehm und versuchen krampfhaft, diese zu füllen. Die Nunchi-Philosophie ermutigt zur Stille und sieht in ihr die Chance, die Situation besser kennenzulernen.

Beim stillen Beobachten geht es aber nicht nur um die tatsächliche Ruhe im Raum oder um die Tatsache, dass man selbst schweigt, sondern auch um die innere Stille in sich selbst. Nunchi ermutigt dazu, Gehörtes, Gesehenes und Wahrgenommenes nicht sofort zu analysieren und zu bewerten, sondern einfach zu akzeptieren und auf sich wirken zu lassen. Es ist nicht nötig, sofort eine fundierte Meinung zu einem Thema zu formulieren oder sofort für einen gewissen Standpunkt zu argumentieren. Oft reicht es aus, das Erlebte einfach hinzunehmen und zu verstehen, ohne eine Konsequenz daraus schließen zu wollen.

Beim Thema der stillen Beobachtung ist auch zu empfehlen, einige Denkansätze von Eckhart Tolle zu verfolgen. Der Autor erklärt, dass man, um „im Jetzt“ zu leben, all seine Gedanken auf das, was man gerade tut, mobilisieren sollte. So schafft man es, seine Gedanken und die kognitiven Anstrengungen seines Gehirns zur Ruhe zu bringen und eine gewisse Stille und Entspannung in sich zu finden. Wenn man zum Beispiel einer sehr einfachen Aufgabe, wie beispielsweise dem Gemüse schneiden beim Kochen, nachgeht, tendiert man dazu, währenddessen noch über viele andere Dinge nachzudenken, egal, ob das der Streit mit dem Partner, die Anmeldung in einem neuen Fitnessstudio oder die Frage, ob man umziehen sollte, ist. Tolle beschreibt, dass man sich mit seinem kompletten Dasein nur auf die eine Aufgabe oder Aktivität fokussieren soll, um diesem Lärm in sich drinnen vorzubeugen.

Auf das zuvor Gesagte bezogen bedeutet das also, dass man nur zuhören sollte und seine Konzentration allein für die Aufnahme dieser Informationen verwenden sollte. Es ist nicht nötig, sofort zu reagieren, es ist viel wichtiger, sich rein auf das Geschehen zu konzentrieren. Wenn man die Schnelligkeit seines Nunchi erhöhen möchte, ist es also ratsam, sich nur auf das Lesen des Raums zu konzentrieren und allein durch stille Beobachtung seine Erkenntnisse zu gewinnen. Man muss mit Ruhe und Bedacht die Fähigkeit der reinen Achtung der Geschehnisse erlernen und anwenden, um das Nunchi erfolgreich zu beherrschen.

Es ist wichtig, diese Ruhe und den Fokus in sich selbst zu finden und zu trainieren, um sie erfolgreich zur Anwendung zu bringen. Die stille Beobachtung ist eine Kunst, die nur schwer und langsam erlernbar ist. Wenn es jedoch einmal geschafft ist, bietet sie einen hervorragenden Mehrwert, nicht nur für das Erreichen eines schnellen Nunchi, sondern auch für die allgemeine Lebensweise, die dadurch bedachter und besonnener werden kann.

Die Intuition, der Respekt, die Sensibilität, die Verbundenheit, das Augenmaß und die stille Beobachtung sind sechs wichtige, fundamentale Prinzipien des Nunchi. Man muss ihre tiefgehende Bedeutung und die Facetten gut verstanden und verinnerlicht haben und sich ihnen immer wieder bewusst werden. Man kann sie auch einzeln gut üben und kontrollieren und sich in manchen Situationen vornehmen, besonders auf eine Sache zu achten. Wer diese Übung ernst nimmt, dem wird es gelingen, diese Prinzipien als Tugenden und Eigenschaften zu verinnerlichen und täglich anzuwenden. Diese Prinzipien begründen das Konzept der Nunchi-Philosophie und leiten den Weg.

Das Gesetz von Ursache und Wirkung

Der Ausdruck, „das Gesetz von Ursache und Wirkung", hört sich erst einmal so an, als wäre es eine Grundlage der Physik, die man einmal in der Schule lernen musste. Aber keine Angst, dieses Gesetz hat einen viel spirituelleren Hintergrund. Es wird auch als eines der „universellen Gesetze" oder als die „Essenz von Karma" bezeichnet. Das Gesetz ist also sehr relevant in der Spiritualität und das Wissen darüber ist somit unentbehrlich für das Erlernen von Nunchi.

Das Gesetz besteht aus einigen verschiedenen Ansätzen, die Sie nun nach und nach kennenlernen werden.

ALLES IST IM FLUSS

Dieser Ausdruck sollte Ihnen schon bekannt vorkommen. Beim Prinzip der Verbundenheit geht es nämlich darum, dass alles zusammenhängt, also alles im Fluss ist. Dieses Prinzip, das in seinem ursprünglichen Wortlaut „panta rhei" genannt wird, gilt es nun, näher zu verstehen. Bleiben Sie aufmerksam, denn das Prinzip beinhaltet noch so viel mehr als nur den Begriff der Verbundenheit.

Der Grundsatz, dass alles im Fluss ist, geht auf einen vorsokratischen Philosophen namens Heraklit von Ephesos, der circa von 520 bis 460 vor Christus lebte, zurück. Als Naturphilosoph vertrat er die Meinung, dass alles auf die vier Elemente Feuer, Wasser, Erde und Luft zurückzuführen ist und man nur Hand in Hand mit der Natur den Zusammenhang von Werden und Wandeln verstehen kann. Obwohl man annimmt, dass Heraklit der erste Mensch war, der über diesen Denkansatz sprach, glaubt man, dass er erst später große Anerkennung bekam, als Platon ihn fortsetzte. Und sogar Goethe benutze „panta rhei" als Inspiration für eines seiner Gedichte. Darin kommen die Zeilen, „Ach und im selben Fluss schwimmst du nicht zum zweiten Mal", vor, was einen direkten Bezug zu Heraklits berühmtestem Beispiel zu diesem Grundsatz darstellt.

Dieser beschreibt die Tatsache, dass man nicht zwei Mal in einen exakt gleichen Fluss steigen kann. Man kann sich zwar an derselben Stelle befinden, da der Fluss aber beständig weiterfließt, wird sich niemals das gleiche Wasser darin befinden. Obwohl man also alles gleich handhabt, wie beim ersten Mal, wird es nicht mehr so sein, wie beim ersten Mal. Diese Metapher prägt den Ausdruck, „Alles ist im Fluss", und führt somit zu einer so wörtlichen und malerischen Übersetzung.

Diese Philosophie lässt sich auch einfach auf viele andere Alltagssituationen anwenden. Man wird zum Beispiel nie den exakt gleichen Abend mit den exakt gleichen Leuten verbringen oder einen Film oder ein Buch gleich wahrnehmen, wenn man ihn bzw. es zum zweiten Mal sieht bzw. liest. Das liegt dann nicht mehr daran, dass sich die Sache verändert, denn ein Buch wird immer exakt den gleichen Wortlaut haben. Nicht nur die Dinge und Objekte sind im Fluss, sondern auch man selbst. Eine Person verändert sich konstant und entwickelt sich weiter, was dazu führt, dass sich die Komponente des „Ichs" verändert. Wenn wir beim Beispiel des Buches bleiben, bedeutet das also, dass man andere Details im Buch wahrnimmt und Dinge entdeckt, die beim ersten Lesen an einem vorbeigegangen sind. Vielleicht interpretiert man das Buch etwas anders, ändert seine Meinung darüber, welche Themen wohl die wichtigsten waren oder ändert sogar seine Meinung darüber, ob einem das Buch gefällt. Alles um einen herum und in einem selbst ist ständig im Fluss. In der ganzen Welt und in der Umwelt existieren ständig Veränderungen und man kann einen Moment niemals exakt wiederholen. Alles ist im Fluss, die Strömung drängt das Wasser stetig weiter und man hat keine andere Wahl, als sich treiben zu lassen und zu sehen, wo der Fluss einen hinbringt.

Die Einsicht, dass alles im Fluss ist, sich also ständiger Veränderung unterzieht, ist ein Grundgedanke, der einem helfen wird, die Schnelligkeit seines Nunchi zu verbessern. Man wird sich bewusst, dass die Menschen sich im ständigen Wandel befinden und man nie damit aufhören darf, sich aktiv darauf zu konzentrieren, sie zu verstehen. Man muss sich den Veränderungen in ihrem Dasein und ihrer Handlungsart bewusst sein, um sie richtig lesen zu können. Wenn man beispielsweise im Berufsleben an einem internationalen Projekt mitgearbeitet hat und Monate später wieder auf einige der Kollegen im Ausland trifft, dann sind sie zwar im Fundament noch die gleichen Personen, haben sich aber in kleinen Details ihrer Weltanschauungen und Meinungen verändert. Man darf sich also nicht darauf ausruhen, einen Menschen einmal gekannt und verstanden zu haben. Das Lesen einer Person ist ein konstanter Prozess, der nie zur Ruhe kommt.

Eine sehr passende Veranschaulichung, was passiert, wenn man dies nicht tut, findet sich in der Freundschaft. Es passiert jeder Person mehr als einmal, dass sie sich von einem sehr engen Freund immer mehr entfernt, weil man sich auseinanderlebt und verschiedene Wege einschlägt. Wenn man diese Person dann nach einiger Zeit wieder trifft, hat man einerseits das Gefühl, sie sehr gut zu kennen, weil man so lange an ihrer Seite war, andererseits steht auch ein komplett anderer Mensch vor einem, mit neuen Interessen und einem neuen Lebensstil.

Beim Nunchi wird aber nicht verlangt, dass man niemanden aus den Augen verliert und sich immer im Detail mit der Entwicklung einer Person beschäftigt. Dies ist auch unmöglich, da man beim Betreten eines Raums nicht unbedingt alle anwesenden Personen kennt. Das ist auch gar nicht nötig, denn mit einem schnellen Nunchi versteht man die Essenz der einzelnen Anwesenden sehr schnell. Es ist also lediglich wichtig, zu wissen, dass alles im Fluss ist und man sich stetig verändert, und dass man bereit ist, dieses Wissen anzuwenden. Eine Veränderung oder Anpassung der Meinung kann auch innerhalb des Raums in einem sehr kurzen Zeitraum stattfinden. Man kann sich das ungefähr so vorstellen, dass jemand in einer politischen Diskussion die Argumente der Gegenstimmen als valide und richtig empfindet und so seine Meinung leicht verändert. Es ist eine minimale Veränderung, aber sie kann in manchen Punkten relevant sein. In exakt diesem Moment verändern Sie persönlich sich durch das Lesen und Gewinnen neuer Informationen. Sie sind also auch nicht mehr die exakt gleiche Person, die Sie gestern noch waren.

Merken Sie sich also: Alles ist im Fluss, die Möglichkeit zur Veränderung besteht immer, Sie sind nicht der gleiche Mensch, der sie vor einer halben Stunde noch waren, und das Gleiche gilt auch für jede andere Person.

ALLES IST MITEINANDER VERBUNDEN

Auch bei dieser Überschrift denken Sie bestimmt sofort an das Prinzip der Verbundenheit. Das ist auch gut so, denn es besagt mehr oder weniger das Gleiche. Sie werden feststellen, wie allgegenwärtig die Verbundenheit wirklich ist, wieso sie so wichtig für das Karma ist und was das nun für Ihr Nunchi bedeutet.

„Was du sähst, das wirst du auch ernten", so wird das Gesetz von Ursache und Wirkung in einem Sprichwort zusammengefasst. Man glaubt daran, dass alles eine Ursache hat. Nichts ist dem Zufall zuzuschreiben, sondern das Wort Zufall wird für Sachverhalte verwendet, bei denen wir die Ursache nicht erkennen können. Alles ist somit miteinander verbunden. Wenn Sie jetzt verwirrt an die Laplace-Experimente aus Schule, Studium oder Ausbildung zurückdenken und sich erinnern, dass man dabei schon vom Zufall ausgegangen ist, liegen Sie absolut richtig. In der Mathematik geht man davon aus, dass bei einem Münzwurf oder einem Würfel die Wahrscheinlichkeit für jedes Ergebnis exakt gleich ist. Das Gesetz von Ursache und Wirkung ist da anderer Meinung, denn auch die Tatsache, dass bei einem Münzwurf Kopf kommt, hat eine Ursache, und mit den nötigen Fähigkeiten könnte man diese Ursache rein theoretisch auch verändern.

Beim Münzwurf geht es dabei zum Beispiel um den Wurfbogen, die angewendete Kraft sowie den Moment des Auffangens. Zugegebenermaßen sind das Größen, die nicht so einfach zu manipulieren sind, aber möglich wäre es wohl trotzdem. Diese Komponenten des Münzwurfs werden als Ursache für das Ergebnis angesehen. Somit hat also auch das, was von der Mathematik als zufällig angesehen wird, tatsächlich einen Ursprung und steht in einem kausalen Zusammenhang zu anderen Faktoren. Alles steht in Verbindung zueinander. In diesem Gedankengang gibt es also auch kein Schicksal, da es nichts gibt, was dem Schicksal überlassen bleibt. Alles steht in zusammenhängenden Ketten, auch wenn man das nicht immer erkennen oder nachvollziehen kann.

Auch in der Denkweise von Karma ist die Theorie, dass alles miteinander verbunden ist, stark verankert. Aber was genau bedeutet Karma nochmal? Der Begriff wird in der westlichen Welt immer schwammiger, weil oftmals Sätze wie, „Karma wird schon dafür sorgen, dass die Person bekommt, was sie verdient", fallen oder weil man glaubt, ein schlechtes Karma sei für einen Schicksalsschlag verantwortlich. Allgemein gefasst bedeutet Karma, dass seine eigenen Handlungen die Zukunft und das, was einem widerfährt, bedingen.

Die Botschaft von Karma ist mit der eines bekannten deutschen Sprichworts zu vergleichen: „Wie man in den Wald hineinruft, so schallt es wieder heraus". Allerdings bezieht sich Karma im ursprünglichen Sinne, wie es oftmals in Asien praktiziert und gelebt wird, mehr auf die Wiedergeburt. Die Kernannahme ist, dass man in seinem Leben gut sein will und sich nichts zuschulden kommen lässt, um in ein möglichst gutes neues Leben geboren zu werden. Man sollte versuchen, diese Interpretation von Karma von der modernen, oftmals in falschem Kontext verwendeten Interpretation zu unterscheiden. Karma ist nämlich in der Interpretation des Gesetzes von Ursache und Wirkung keine abstrakte höhere Macht, sondern ein Effekt der Wirkung. Karma ist ein viel pragmatischerer Ansatz, als man erst denken möchte, da es sich direkt auf das eben beschriebene Gesetz bezieht. Die Wirkung eines sittlich und gut gelebten Lebens ist ein guter Start ins neue Leben.

Das Prinzip von Karma besagt also, dass alles miteinander verbunden ist. Es steht somit in direktem Zusammenhang mit dem Gesetz von Ursache und Wirkung. Es schließt jeden Zufall und die Existenz einer höheren Macht aus.

Die starke Verbreitung des Glaubens an Karma könnte also mitunter der Grund sein, warum man in Asien nicht an Gottheiten, sondern lediglich an Spiritualität glaubt. Denn ein Gott hätte neben dem Prinzip von Ursache und Wirkung gar keinen Platz. Es würde einen Gott machtlos und lediglich zu einem Statisten ohne tatsächlichen Einfluss machen. Wenn man Karma also nur auf das Gesetz von Ursache und Wirkung beziehen würde, was heute nicht mehr ausschließlich passiert, dann würde das bedeuten, dass Karma und ein Gott nicht simultan existieren können. Es würde bedeuten, dass man nicht an beides gleichzeitig glauben kann.

Was bedeutet das nun für Ihr Nunchi? Wie zuvor schon erwähnt, ist es auf jeden Fall sehr wichtig, das Prinzip der Verbundenheit im Kopf zu behalten und sich der Tatsache bewusst zu sein, dass alles zusammenhängt. Das bezieht sich natürlich auch auf die Interaktionen im Raum. Man muss verstehen, wer auf wen reagiert. Hinzu kommt aber nun noch, dass man nicht nur verstehen möchte, wie die Reaktionen stattfinden, sondern auch, warum. Man versucht, die Ursache zu finden, denn sie ist immer vorhanden. Auch wenn es manchmal schwerfällt, sie zu finden, oder wenn dies in manchen Fällen durch bloße Beobachtung sogar unmöglich ist, sollte man trotzdem immer versuchen, sie zu sehen. Wenn man es nämlich schafft, die Ursache einer Handlung zu erahnen, so fällt es leichter, den ganzen Strang der Aktionen und Reaktionen zu verfolgen und zu verstehen. Das Lesen des Raumes ist nach wie vor unser Ziel.

Bei der Übung, die einzelnen Prinzipien und Denkweisen anzuwenden, wäre es also ratsam, sich auch im Erkennen der Ursache zu üben. Versuchen Sie, nach der Beobachtung eines Verhaltens wieder einen Schritt zurück zu gehen und das Vergangene zu betrachten. Die Ursache kann in explizit Ausgesprochenem oder in impliziten Faktoren liegen. Sie kann von anderen Menschen kommen oder in einem selbst liegen. Sie kann greifbar oder abstrakt sein. Sie merken vermutlich schon, dass es kompliziert ist,

Ursachen zu finden. Es ist wichtig, die Zusammenhänge zu hinterfragen und zu prüfen, ob man die Ursache feststellen kann.

Dabei ist es jedoch nicht zwingend notwendig, sie wirklich jedes Mal ausfindig zu machen. Wie auch bei so vielen Dingen, die mit Nunchi zu tun haben, ist das Bewusstsein für die Existenz des Gesetzes von Ursache und Wirkung das Wichtigste. Solange Sie nicht vergessen, dass alles einen Ursprung hat und keine Handlung aus dem nichts entsteht, haben Sie schon den relevantesten Teil dieses Kapitels gemeistert. Bleiben Sie aufmerksam und fokussiert und sehen Sie überall die Verbundenheit!

ALLES KOMMT, WIE ES KOMMEN SOLL

„Alles kommt, wie es kommen soll". Dieser Satz ist ein sehr tiefgründiger Ausdruck, der wunderschön und angsteinflößend zugleich sein kann. Einerseits ist es eine beruhigende Vorstellung, dass alles, was passieren sollte, sowieso passiert, und dass man nicht bei jeder noch so kleinen Handlung eine Beziehung oder Karriere kaputt machen kann. Und wenn sie doch kaputtgeht, dann sollte es wohl so kommen. Gleichzeitig fühlt man sich bei dieser Aussage sehr machtlos, denn wenn alles kommt, wie es kommen soll, ist es egal, wie hart man auf etwas hinarbeitet oder wie viel Mühe man sich gibt. Es wird trotzdem alles so kommen, wie es kommen soll.

Aber stimmt das wirklich? Hat man keinen Einfluss auf das, was geschieht? Oder meint dieser Grundsatz vielleicht doch etwas anderes? Gerade eben haben Sie erfahren, dass alles eine Ursache und eine Wirkung hat, dass alles zusammenhängt und dass es für alles eine Begründung gibt. Sie haben erfahren, dass man nach diesem Gesetz nicht an das Schicksal glaubt, sondern überall eine Kausalität entdecken kann. Wie ist es also möglich, dass diese beiden Grundsätze zusammenhängen?

Der Ausdruck, dass alles kommt, wie es kommen soll, beschreibt keineswegs ein gewisses Schicksal, dass sich erfüllt. Man glaubt in der östlichen Spiritualität eben nicht an das Schicksal. Vielmehr ist dieser Satz ein weiterer Aspekt des Gesetzes von Ursache und Wirkung. Eine Aktion wird durch eine Ursache ausgelöst. Die Ursache sorgt also dafür, dass etwas Bestimmtes passiert. Was genau das ist, wird durch die Ursache definiert. Es kommt also, was kommen soll. Wenn man wieder zum Beispiel des Münzwurfs zurückgeht, kann man durch den Wurfbogen den Ausgang des Münzwurfes bestimmen. Der Wurfbogen bestimmt also das Ergebnis. Wenn jemand in der Lage ist, diesen Wurfbogen sehr präzise zu manipulieren, dann kann er das Ergebnis beeinflussen. Es kommt also genau das Ergebnis, das gewünscht wird. Es kommt, wie es kommen soll.

Es ist zunächst sehr schwer, dieses Prinzip zu verstehen, da man den Wortlaut eigentlich gegenteilig versteht. Man denkt, dass die Phrase eine Art Machtlosigkeit in den ablaufenden Geschehnissen besagen soll. In der thematischen Interpretation soll aber vielmehr ausgedrückt werden, dass genau das passieren wird, was die Ursachen und kausalen Zusammenhänge heraufbeschwören. Es passiert nichts einfach so, sondern es kommt, wie es nach den Regeln von Ursache und Wirkung kommen muss. Wenn eine Zimmerpflanze lange nicht gegossen wird, wird sie früher oder später sterben. Wenn man nichts isst, wird man irgendwann Hunger bekommen. Wenn man seine Miete nicht bezahlt, wird man seine Wohnung verlassen müssen. Alles wird kommen, wie es kommen soll.

Nehmen Sie sich ruhig einen Moment, um diese Definition zu durchdenken und vollkommen zu verstehen. Verabschieden Sie sich langsam von der Annahme, dass manche Dinge nicht erklärbar sind, und wenden Sie sich hin zu dem Gedanken, dass man alles erklären kann, wenn man nur lange genug nach den Ursachen sucht.

Und nun wenden wir diesen Grundsatz wieder auf das Prinzip von Nunchi an. In einem Raum gilt das Gesetz der Ursache und Wirkung, das heißt, dass auch innerhalb dieses Raums alles so kommt, wie es kommen soll. Die Zusammenhänge zu erkennen, kann aber dadurch erschwert werden, dass auch Einflüsse außerhalb dieser vier Wände eine Rolle spielen könnten. Trotzdem gibt es nach diesem Prinzip keine Überraschungen. Niemand handelt aus komplett unlogischen Beweggründen heraus oder tut etwas ohne Ursache.

Auch wenn man diese Ursache nicht immer verstehen wird, hilft es einem, zu wissen, dass sie existiert. Man weiß, dass alles genauso kommt, wie es soll. Man wird lernen, zu verstehen, dass sich Menschen immer aus einem Grund so verhalten, wie sie es tun, und das wird es leichter machen, sie zu lesen. Somit kommt man dem eigentlichen Ziel, die Menschen komplett zu durchschauen und zu antizipieren, wie sie sich verhalten werden, deutlich näher. Wir verbessern die Schnelligkeit unseres Nunchi wieder ein bisschen weiter.

Das Gesetz von Ursache und Wirkung widerspricht zum Teil dem, was man in der Schule und im täglichen Leben gelernt hat. Das macht es schwer, es komplett zu verinnerlichen. Die Unterteilung in die drei Sprichwörter, „Alles ist im Fluss“, „Alles ist miteinander verbunden“ und „Alles kommt, wie es kommen soll“, soll helfen, das Gesetz schrittweise zu verstehen. Wie Sie wahrscheinlich beim Lesen selbst schon festgestellt haben, sind diese Aspekte schwer voneinander trennbar. Die Grenzen zwischen ihnen verfließen und die Zusammenhänge zueinander existieren praktisch überall (Es ist also ein perfektes Beispiel für das Prinzip der Verbundenheit). Sie werden also Ihre Zeit brauchen, bis Sie mit diesem abstrakten Konzept vollständig umgehen können und es in seiner Gänze verstehen. Nehmen Sie sich diese Zeit auch, denn man kann eine solch intensive Veränderung im Gedankengut nicht erzwingen.

Sie muss Stück für Stück vonstattengehen. Sie werden auch nicht Ihre Weltanschauung komplett verändern, aber vielleicht werden Sie sich ja einmal die Zeit nehmen, Ihre Umwelt genau zu beobachten, um die Zusammenhangsketten zu erkennen. Vielleicht werden Sie einmal eine Erklärung für ein Verhalten in den Ursachen suchen. Vielleicht werden Sie Ihre Ansichten ein bisschen verändern und immer besser in der Lage sein, Ihre Umgebung zu verstehen.

How to Nunchi: Wie verbessere ich meine Nunchi-Fähigkeiten?

Sie haben sich bis jetzt mit sehr vielen Fachbegriffen und Hintergründen beschäftigt. Sie haben Ihr Wissen über die asiatische und koreanische Kultur und ihre Werte erweitert, kennen die Prinzipien von Nunchi und wissen nun das Wichtigste über das Gesetz von Ursache und Wirkung. All diese, zugegebenermaßen sehr theoretischen Informationen sind wichtig, um den Kern von Nunchi zu verstehen. Da Sie diesen Teil nun gemeistert haben, kommt es zum spannendsten Teil: Nunchi aktiv anwenden. Sie werden lernen, wie Sie den Weg zum Nunchi schaffen, obwohl Sie nicht damit aufgewachsen sind. Mit konkreten Anwendungen im Alltag ist dieses Ziel nämlich gar nicht sonderlich weit weg. Es bedarf natürlich einiges an Übung, aber mit den nun erklärten Maßnahmen steht Ihnen zur Erreichung eines schnellen Nunchi nichts mehr im Weg.

SELBSTDISZIPLIN

Das Nunchi beginnt mit Ihnen selbst. Sie möchten zwar andere Menschen verstehen, aber das setzt voraus, dass Sie sich selbst verstehen und auch kontrollieren können.

Das Erlernen von Nunchi ist kein einfaches Unterfangen, vor allem als Erwachsener, der nicht in einer Nunchi-Kultur aufgewachsen ist, oder als jemand, dessen kulturelles Umfeld und dessen Werte sich stark von den Koreanischen unterscheiden. Man muss sich einem völlig neuen Denken anpassen und sich in eine ganz neue Art der Wahrnehmung hereinfühlen. Es kann schwer sein, diese Selbstdisziplin beim Erlernen von Nunchi tatsächlich an den Tag zu legen, vor allem bei den vielen Verpflichtungen, die jeder Mensch hat. Egal, ob das der Job, die Kinder oder ein Hobby ist, es ist schwer, neben vielen zeitraubenden Aufgaben auch noch Platz für die tägliche Spiritualität und für die Übung des Nunchi zu finden.

Bei dem Konzept von Nunchi muss jeder seinen eigenen Weg finden, wie er glaubt, sich gut damit auseinandersetzen zu können. Jedoch gibt es ein paar kleine Tipps, wie man sich selbst so disziplinieren kann, dass man sich regelmäßig mit dem Thema beschäftigt.

Nehmen Sie sich Zeit, sich gut zu überlegen, wie viele Stunden Sie in Ihrem Alltag wirklich noch haben, und legen Sie fest, an wie vielen Tagen in einer Woche Sie die Nunchi-Praxis aktiv üben möchten. Es ist hierbei auch völlig in Ordnung, wenn Sie sich nicht jeden Tag Zeit nehmen können. Sie sollten sich bei Ihrem Zeitplan nämlich nicht übernehmen, sondern wirklich in der Lage sein, diesen einzuhalten, ohne sich hetzen zu müssen oder in Stress zu geraten. Jemand, der sich nur halbherzig oder immer mit Blick auf die Uhr mit Nunchi auseinandersetzt, wird Schwierigkeiten haben, Fortschritte zu machen. Es ist wichtig, mit voller Aufmerksamkeit bei der Sache zu sein, da Nunchi wenigstens zum Teil einen

Sinneswandel braucht. Sie sind nicht mit dem Konzept aufgewachsen, deswegen wird es für Sie schwieriger sein, es zu erlernen, als für ein koreanisches Kind, das Nunchi jeden Tag vorgelebt bekommt und in einer High-Kontext-Kultur groß geworden ist, wo es keine andere Wahl hatte, als das Konzept zu praktizieren. Nehmen Sie sich also vor, sich mehrmals in der Woche mit Nunchi zu befassen, und versuchen Sie auch, diesen Plan so genau wie möglich einzuhalten. Sie sollten die Nunchi-Praxis zu einer Konstante in Ihrem Leben machen. Zeigen Sie die nötige Selbstdisziplin, um sich auf den Weg des Nunchi zu begeben. In den Stunden, die Sie sich freigenommen haben, können Sie dann Achtsamkeitsübungen machen oder sich Schritt für Schritt mit einem der Nunchi-Prinzipien auseinandersetzen.

Wie genau diese ablaufen könnten, werden Sie später noch näher erfahren. Erst einmal ist es wichtig, das Nunchi in sein tägliches Leben zu integrieren, bis die Ausübung so vonstattengeht, dass man sich selbst nicht mehr aktiv sagen muss, dass jetzt die Zeit für Nunchi gekommen ist, sondern dass man automatisch anfängt, es zu praktizieren. Man könnte den ganz banalen Vergleich ziehen, dass es so in Ihren Alltag integriert sein muss, wie die Tatsache, dass Sie sich morgens und abends die Zähne putzen oder dass Sie aufstehen, wenn Ihr Wecker klingelt. Wenn die Zeit für Nunchi gekommen ist, sollten Sie gar nicht mehr hinterfragen, ob Sie gerade Lust darauf haben oder doch etwas anderes zu tun haben, sondern es einfach tun. So kann Selbstdisziplin ganz einfach zur Routine führen.

Es gibt aber auch noch andere Aspekte der Selbstdisziplin. Sie müssen Selbstdisziplin nicht nur darin anwenden, sich Zeit für die Praktizierung von Nunchi zu schaffen, sondern sie ist auch in der aktiven Anwendung des Konzepts nötig. Wie Sie schon wissen, ist ein großer Aspekt des Nunchi die Zurückhaltung.

Man möchte in einem Raum eher der Beobachter und Zuhörer als der Gesprächsleiter oder die dominante Figur sein. Einigen Menschen mag dies sehr einfach vorkommen, weil sie von Natur aus eher zurückhaltend sind. Sehr extrovertierte und redefreudige Personen, die zu jedem Thema eine Meinung haben, werden diesen Schritt wahrscheinlich als den Schwierigsten ansehen. Es bedarf also einer gewissen Selbstdisziplin, sich in einem Gespräch zurückzuhalten. Diese wird wohl nicht von heute auf morgen erfolgen, aber trotzdem ist es wichtig, sich Schritt für Schritt mit ihr zu befassen. Man muss sich zuerst ehrlich und möglichst akkurat selbst einordnen. Rede ich sehr viel in Gruppen? Kann ich mich bei Themen, für die ich brenne, gut zurückhalten?

Versuchen Sie, sich selbst in eine Gruppenkonstellation einzuordnen. So stellen Sie schon fest, ob die Selbstdisziplin für Sie ein Problem darstellen wird. Wenn dem so ist, kann es durchaus sinnvoll sein, in kleinen Schritten anzufangen. Man sollte sich zuerst bewusst machen, dass man viel spricht. Das sollte man sich auch innerhalb des Gruppengesprächs vor Augen halten. Die Akzeptanz seiner Schwächen ist der erste Schritt zur Besserung. Wenn man diesen Gedanken bei Gesprächen im Kopf hat, kann man nach und nach versuchen, sich weniger zu beteiligen. Sage ich gerade etwas, das wirklich relevant für das Thema ist? Hat schon jemand anders meinen Punkt in ähnlicher Weise vertreten? Stellen Sie sich diese Fragen, um Schritt für Schritt die Disziplin aufzubringen, Nunchi anzuwenden.

Sie werden vielleicht erleben, wie Sie nach und nach von einem der dominantesten Gesprächspartner zu einem stillen Beobachter werden. Seien Sie dabei aber auch fair mit sich selbst, denn so eine fundamentale Änderung in sozialen Interaktionen braucht Zeit. Versuchen Sie, jeden kleinen Erfolg zu sehen und wertzuschätzen und nicht zu schnell zum eigentlichen Ziel vorpreschen zu wollen. Nunchi soll eine tief verankerte Einstellung im Hinblick auf soziale Situationen sein, und nicht eine Denkweise, die man einmalig anwendet und dann nie wieder. Wenn man gerne sportlicher werden möchte, kann man auch nicht nur einmal im Monat ins Fitnessstudio gehen und dann die schwersten Gewichte heben. Es ist ein Prozess, der langsam, aber konstant vonstattengehen muss. Auch wenn Sie bei einem anderen Aspekt des Nunchi mit Selbstdisziplin zu kämpfen haben, gelten diese Leitgedanken. Sie sollten sich aktiv die Zeit dafür nehmen, an Ihrem Problem zu arbeiten, und diese Zeiten ritualisieren, sodass ein Rhythmus entsteht, dem Sie gut folgen können. Zudem ist es wichtig, sein Ziel im Auge zu behalten, aber ebenso ist es signifikant, sich kleinere Ziele zu setzen und die Erreichung dieser wertzuschätzen. Wie oft so schön gesagt wird: „Rom wurde auch nicht an einem Tag erbaut“. Geben Sie sich also selbst die Zeit, die Sie brauchen, und hetzen Sie sich nicht.

Es könnte außerdem hilfreich sein, ein Vorbild zu finden, das entweder das Konzept des Nunchi als Ganzes sehr gut beherrscht oder aber einen Teilaspekt, der Ihnen Probleme bereitet, gut meistert. Die Beobachtung dieser Person kann dann von großer Hilfe sein, seine eigene Blockade oder Schwierigkeit zu überwinden. Wenn Sie eher laut und aufbrausend sind, können Sie zum Beispiel durch die Beobachtung einer eher stillen Person herausfinden, wann diese schweigt oder wann sie ihren Beitrag als wichtig empfindet. Sie können sich mit der Menge an Beiträgen an dieser Person orientieren und so von ihr lernen.

Selbstdisziplin ist für manche eine Eigenschaft, die sie bereits beherrschen, andere müssen sie erst noch mit viel Fleiß und Mühe erlernen. Egal, zu welcher Kategorie Sie gehören, seien Sie sich darüber bewusst, dass die Disziplin eine wichtige Komponente in der Erreichung des Nunchi ist. Das richtige Zeitmanagement, die Unterdrückung von Impulsen und die Orientierung an Vorbildern wird Sie auf den richtigen Weg bringen. Die Selbstdisziplin wird Sie Ihrem Ziel ein gutes Stück näherbringen.

RITUALE IM ALLTAG

Rituale, die wir auf regelmäßiger Basis verfolgen und in unseren Alltag integrieren, haben enormen Einfluss auf uns. Sie werden nicht nur Teil unseres alltäglichen Lebens, sondern beeinflussen uns als Menschen und integrieren sich in unseren Charakter. Wer zum Beispiel jeden Morgen eine Sporteinheit absolviert, um sich fit zu halten, der wird diese Tatsache in sein Selbstkonzept integrieren. Jemand, der jede Woche einen Kuchen backt, wird dies als eine seiner Leidenschaften ansehen. Wer oft mit einer Kamera umher läuft, um schöne Bilder von der Natur und von Menschen zu machen, versteht sich vermutlich als Hobbyfotograf. Rituale werden also zum Teil des Selbstverständnisses, aber nicht nur das. Auch andere werden diese Gewohnheiten an einem Menschen entdecken und ihn dann damit assoziieren. Gewohnheiten sind Teil unserer Persönlichkeit, unseres Selbstkonzepts und dessen, wie unser Umfeld uns wahrnimmt.

Wie hängt das alles mit Nunchi zusammen?

Im Konfuzianismus, der als Ursprung des Nunchi gilt, spielen Rituale eine sehr große Rolle. Die als „Li" bezeichneten Riten und Rituale beziehen sich auf alle Lebenslagen. Einerseits existieren die zeremoniellen Riten, andererseits die Alltäglichen. So bezieht sich im Verständnis des Konfuzianismus der Begriff „Ritus" auf alles zwischen der Staatsführung und dem Teetrinken. Das „Li" schließt Etikette und Gepflogenheiten ein und wird oftmals auch als „Brauchtum" oder „Sitte" übersetzt. Der Begriff hat in diesem Sinne also einen größeren Umfang als in unserem westlichen Verständnis. Er ist breiter gefasst und auch alltägliche Gewohnheiten zählen als Riten, was wir in anderen Kulturen intuitiv nicht denken würden. Für uns ist ein Ritual ein förmlicher, nach vorgegebenen Regeln und Mustern ablaufender Akt, der meist eine Feierlichkeit beinhaltet. Man würde zum Beispiel viele religiöse Veranstaltungen wie Hochzeiten, Gottesdienste oder Beerdigungen, aber auch einen formellen Staatsempfang als Ritual bezeichnen. In unserem Verständnis würde der Begriff allerdings nicht so weit gehen, Alltägliches als Ritual zu benennen, sondern dies eher einfach als Gewohnheit beschreiben.

Die Verinnerlichung der Ansätze des sogenannten „Li“ hilft dabei, einen Zugang zur östlichen Spiritualität zu finden. Das Konzept von Nunchi ist so stark mit der Kultur verbunden, dass man sich dieser zumindest in Teilen zuwenden muss, um Nunchi erfolgreich praktizieren zu können. Man muss sein Verständnis von Ritual erweitern, um auch Rituale in sein eigenes Leben integrieren zu können. Sie müssen zum Beispiel das Gießen Ihrer Pflanzen oder wöchentliche Besuche bei Eltern oder Großeltern aktiv als Ritual wahrnehmen. Denn im „Li“-Verständnis handelt es sich hierbei um Rituale – genauso wie es sich beim Treffen in Ihrem Stammcafé oder bei der Tatsache, dass Sie Ihren Kaffee ohne Milch trinken, um ein Ritual handelt. Wir haben sie alle, und wir haben viele davon, wir müssen nur lernen, sie als solche wahrzunehmen.

Was bringt es einem, Rituale zu haben und sie als solche zu klassifizieren? Es bringt Routine. Und mit Routine kommt Ruhe und Gelassenheit. Sie bekommen Struktur in Ihrem Leben und können sich auf diese verlassen. Dabei heißt das auf keinen Fall, dass das Leben nur aus Struktur und Eintönigkeit bestehen soll. Es ist durchaus wünschenswert, sich am Abend mit Freunden zu treffen, am Wochenende Ausflüge zu machen oder einmal in den Urlaub zu fahren. Man darf auch aus seiner Routine ausbrechen. Trotzdem ist ihr grundsätzliches Vorhandensein von großem Vorteil für das Nunchi. Wer Ruhe erlangt und sich in sich sicher und wohl fühlt, kann diese Ruhe auch besser ausleben. Er kann in einem Raum sein, sich dort zurückhaltend zeigen und dabei in innerer Stabilität die anderen Personen beobachten und analysieren. Durch die eigene Ausgewogenheit und Balance, die man durch Gewohnheiten erlangt, fällt es einem auch leichter, die emotionale Distanz, die im Nunchi sehr wichtig ist, zu wahren. Durch weniger aufbrausende Gefühle und tiefe Unausgeglichenheiten investiert man sich auf einer emotionalen Ebene weniger in die Angelegenheiten anderer. Ritualisieren Sie also Ihren Alltag, um in die richtige Gedankenwelt und die nötige Ausgeglichenheit für die Praxis von Nunchi zu kommen.

Wer sich Rituale und Gewohnheiten aneignet, schafft so auch eine tägliche Praxis der Selbstdisziplin. Diese beiden Faktoren bedingen sich also, wie so viele andere Aspekte des Nunchi, gegenseitig. Wer eine starke Selbstdisziplin hat, hält sich an gewohnte Regelmäßigkeiten, und wer Rituale verinnerlichen möchte, übt dabei automatisch seine Selbstdisziplin, indem er sich an diese wiederkehrenden Aktivitäten hält und sie regelmäßig durchführt.

Auch die konkrete Anwendung des Nunchi in seinen einzelnen Schritten sollte ritualisiert werden, während man in der Übungsphase ist. Nunchi ist sehr komplex und stellt viele Grundprinzipien und Denkansätze auf, die alle gleichzeitig berücksichtigt werden müssen. Wenn einem dies noch nicht leichtfällt, weil man sich gerade erst in die Welt des Nunchi einfühlt, kann die schrittweise Abarbeitung der einzelnen Konzepte sehr hilfreich sein. Beispielsweise könnte man beim Betreten eines Raumes zuerst feststellen, welche Personen anwesend sind und ob man weiß, in welcher Beziehung diese zueinanderstehen. Dann versucht man, eine grobe hierarchische Ordnung zu erkennen, um die Situation grundlegend wahrzunehmen. Darauf folgt die Feststellung eines Themas und der Grundstimmung.

Es könnte zum Beispiel um familiäre Probleme gehen und eine traurige und bedrückte Stimmung vorherrschen. Die Abarbeitung in der Reihenfolge Beziehungen, Hierarchie, Inhalt und Stimmung kann also zu einem Ritual in der Anwendung von Nunchi werden. Man legt sich gewisse gedankliche Richtlinien und Anleitungen an, damit man nicht von einer Fülle von Informationen und Teilaspekten gleichzeitig überfordert wird und sich etwas erschlagen fühlt. So können Sie sich immer weiter einen

Plan für die Anwendung und Übung von Nunchi überlegen, der schrittweise stattfindet und verinnerlicht wird, damit man einen Leitfaden hat, auf den man zurückgreifen kann, wenn man sich so fühlt, als hätte man gar keinen Zugang zu einer Situation oder zu einem Raum. Man erstellt sich sozusagen ein Ritual.

Diese Herangehensweise, die Schritt für Schritt erfolgt, mag Ihnen vielleicht zunächst wenig effektiv vorkommen, da man ja ein möglichst schnelles Nunchi haben möchte, um einen Raum sehr schnell verstehen zu können. Ein Plan, der langsam aufeinander aufbaut, ermöglicht einem dies nicht unbedingt. Allerdings ist er in der Phase der Übung durchaus produktiv und zielführend, da man erst lernen muss, die einzelnen Aspekte von Nunchi zu meistern, bevor man es schafft, alle gleichzeitig anzuwenden. Auch hier sollten Sie deshalb nichts überstürzen und nicht vor der Erstellung eines ritualisierten Leitfadens zurückschrecken.

Rituale sind der richtige Weg, sich immer weiter einem schnellen Nunchi anzunähern. Sie spüren die Verbindung zu den Wurzeln von Nunchi sowie ein größeres, tiefergehendes Verständnis für die Kultur und Lebenseinstellung, die mit Nunchi einhergehen. Sie sehen, wie sich Ihre Selbstdisziplin verbessert, und Sie lernen nach und nach, einen Raum immer besser zu verstehen. Sie werden feststellen, dass Sie immer besser darin werden, Grundstimmungen, Beziehungen und unausgesprochene Hierarchien zu erkennen und die Prinzipien des Nunchi immer selbstbewusster anzuwenden. Die Rituale im Alltag und in der Praxis von Nunchi werden für Sie sehr bald unentbehrlich sein.

VERBINDLICHKEIT UND MOTIVATION

Bei dem Wort Verbindlichkeit denkt man oft an Verpflichtung. Man hat keine Wahl, sondern man muss etwas tun oder eine Leistung erbringen. Es ist verbindlich, Steuern zu zahlen oder einen Kredit zurückzugeben. Ein Kind sieht Dinge, wie das Erledigen der Hausaufgaben oder das Einhalten einer Schlafenszeit, als verbindlich an. Verbindlichkeit liegt im Auge des Betrachters. Manche Menschen hinterziehen zum Beispiel steuern und heben so in ihrem eigenen Gewissen die Verbindlichkeit dieser auf. Ein Schulkind wird früher oder später feststellen, dass selten schlimme Konsequenzen drohen, wenn man seine Hausaufgaben abschreibt oder nach der Nachtruhe noch heimlich ein Buch liest. Die Verbindlichkeit ist also ein variabler Zustand, der sehr von der Person abhängt. Nur das, was man selbst als verbindlich achtet, behandelt man auch als Verpflichtung.

Verbindlichkeit kann sich aber auch auf eine Person beziehen. Wer verbindlich auftritt, zeigt sich freundlich, verständnisvoll und zuvorkommend. Man ist ausgeglichen, selbstbewusst und ruhig. Es bildet sich das Bild eines Geschäftsmannes in Anzug und Krawatte, der sehr kompetent und zielstrebig ist, dabei aber keineswegs soziale Komponenten vernachlässigt. Er ist nett, geht auf andere ein und zeigt sich kooperativ, ist also eine sehr sympathische Person. Es ist ein Bild einer Person, die vermutlich ein sehr schnelles Nunchi beherrscht.

Die Verbindlichkeit könnte also, wenn es auf den Charakter einer Person bezogen ist, als Vorbild oder Ziel gelten. Man möchte eine Person sein, die sich verbindlich verhält, da sie sich einfühlsam, aber trotzdem seriös zeigt und so Menschen gut verstehen kann.
Sie kann den Raum, in dem sie sich befindet, gut lesen. Die Verbindlichkeit kann in dieser Auslegung also als wünschenswerter Charakterzug bezeichnet werden, der einem bei seinem Nunchi hilft.

Trotzdem ist das Verständnis von Verbindlichkeit als Verpflichtung weitaus verbreiteter und bei der Benutzung des Begriffs wird in den meisten Fällen diese Interpretation des Begriffs gemeint. Die Verbindlichkeit ist eine Verpflichtung, etwas, was man tun muss oder jemand anderem schuldig ist.

In unserer Kultur haben wir oftmals Ansprüche an uns selbst oder fühlen uns verpflichtet, Geld zu verdienen und unseren Teil zur Familie oder zur Gesellschaft beizutragen. Aber eine wirkliche Verbindlichkeit herrscht oft erst dann, wenn sie durch staatliche Methoden und Gesetze so festgelegt wird.

In der koreanischen Kultur werden neben Gesetzen auch andere Größen als verbindlich empfunden. So sind für die Koreaner zum Beispiel Werte und Normen essenziell. Man schuldet es seinen Ahnen und Eltern, ihnen Respekt zu erweisen und ihre Autorität zu akzeptieren. Es passiert wenig, dass Kinder koreanischer Eltern komplett rebellieren und langfristig mit ihren Eltern streiten. Genauso wenig wird eine koreanische Person sich von der Sittlichkeit und Tugend abwenden, die einen zentralen Teil des Gedankenguts bilden. Man würde es niemals wagen, zu versuchen, die hierarchischen Strukturen zu zerstören. Wenn ein koreanisches Kind kein natürliches Nunchi vorweisen kann, so wird von den Eltern gepredigt, dass man es üben soll, und die Kinder sehen das als eine Art Verpflichtung an – genauso sollten Sie das Erlernen von Nunchi auch ansehen.

Nunchi ist eine Verpflichtung, die Sie eingehen wollen, und Sie schulden es sich selbst, diese auch durchzuführen. Sie müssen Ihre regelmäßigen Praxis-Einheiten als Verbindlichkeit und nicht als Option ansehen. Es ist unentbehrlich, sich das auf dem Weg zu einem schnellen Nunchi bewusst zu machen. Natürlich liegt es in Ihrem eigenen Ermessen und nicht in staatlicher Hand, ob Sie den Weg von Nunchi gehen wollen, aber wenn Sie sich dafür entscheiden, sollten Sie es mit vollem Bewusstsein und

Einsatz tun. Es ist kein einfacher Weg zum Nunchi und Durchhaltevermögen ist ausschlaggebend dafür, wie erfolgreich dieser Weg sein wird. Versprechen Sie sich also selbst, dass Sie es langfristig aktiv üben und praktizieren möchten.

Um Motivationstiefs entgegenzuwirken, könnte es hilfreich sein, sich eine Liste zu erstellen, auf der man alle Gründe aufschreibt, warum man sein Nunchi üben möchte. Dies hilft, einen Fokus zu bilden und sein Ziel nie aus den Augen zu verlieren. Man könnte diese Ziele zum Beispiel an einem herausstechenden Ort aufhängen, wo man sie oft sieht und liest. Orte wie das Bad, während man Zähne putzt, oder die Küche, während man kocht, sind gute Beispiele dafür. An solchen Plätzen hat man nämlich meist die ein oder andere freie Minute, um sich noch einmal mit seinen Zielen und Ambitionen auseinanderzusetzen. Wenn man wirklich einmal an einen Tiefpunkt kommen sollte, an dem man seine ganze Motivation und Selbstdisziplin verloren hat, hilft es auch, so eine Liste noch einmal zu schreiben. So analysiert man zu einem späteren Zeitpunkt erneut, was genau man sich wünscht und erwartet und warum man aufgehört hat, es zu versuchen. Man erkennt, ob man wirklich eine begründete Entscheidung beim Abbruch getroffen hat oder ob man sich die Ergebnisse eigentlich immer noch wünscht und nur kurzzeitig im Stress versunken ist. Es wird also wieder Ruhe und Ordnung im eigenen Kopf hergestellt, was nicht nur für das persönliche Wohlbefinden essenziell ist, sondern auch für das Praktizieren von Nunchi.

Ein weiterer Weg, nicht den Faden zu verlieren und in die Inkonsistenz abzugleiten, ist, alles, was man tut, zu dokumentieren. Dabei ist es ganz egal, wie man es macht, auf jeden Fall ist es aber ratsam, dass man eine Dokumentation auf die ein oder andere Weise durchführt. Man kann zum Beispiel in einem bestehenden Kalender jeden Tag markieren, an dem man etwas für sein Nunchi getan hat, oder man legt gleich einen ganz neuen Kalender dafür an. Man kann es auch einfach auf ein Blatt Papier schreiben oder eine Strichliste für jede Woche oder jeden Monat anlegen.

Es ist Ihnen selbst überlassen, nach welchem Muster Sie vorgehen wollen. Genauso ist es Ihre eigene Entscheidung, ob Sie am Anfang einer Woche schon spezifische Tage und Uhrzeiten festlegen wollen, an denen Sie sich Zeit für Ihr Nunchi nehmen, oder ob Sie lieber festlegen, wie oft in der Woche Sie es schaffen wollen, und im Nachhinein eintragen, wann das war. Bei der zweiten Methode ist der Vorteil, dass Sie sich auch notieren können, wann Sie versucht haben, Aspekte von Nunchi in einer realen sozialen Interaktion anzuwenden, was eher schwer im Voraus festzulegen ist, da man nicht jede soziale Situation plant.

Jeder Mensch hat andere Wege, seine Selbstverpflichtung zu einem Thema oder einer Sache durchzusetzen. Dafür gibt es auch keinen perfekten Weg. Wichtig ist nur, dass man es durchsetzt und nicht aus den falschen Gründen das Handtuch wirft. Vor allem bei Nunchi ist diese Art der Verbindlichkeit gegenüber der Sache nicht nur hilfreich, um den Weg langfristig weiterzugehen und nicht aufzugeben, sondern sie dient auch zur näheren Verinnerlichung der koreanischen Werte.

Man praktiziert Ruhe, Ausgeglichenheit und Sittlichkeit, während man kontinuierlich für sein Nunchi arbeitet. Man kann hier also fast behaupten, dass man zwei Aspekte in einem erlernt und übt. Das macht es einerseits sehr wichtig, sich auch wirklich nach dieser Verbindlichkeit zu verhalten, andererseits macht es aber auch mehr Spaß, da man so in viel größeren Schritten auf sein Ziel zugeht. Behalten Sie also die Motivation und Disziplin, die Sie jetzt am Anfang an den Tag legen, bei und wirken Sie aufkommenden Zweifeln sofort entgegen. Der Weg des Nunchi bedeutet eine große Wandlung im Lebensstil, einen fundamentalen Eingriff in die Routine und eine Verpflichtung an sich selbst, nicht aufzugeben. Die Philosophie von Nunchi ist verbindlich, man kann sie nicht nur mit halbem Herzen verfolgen.

MEDITATION

Heutzutage ist der Begriff Meditation so gut wie jeder Person in jeder Kultur bekannt. Es bedeutet ein zur Ruhe kommen und ist mit dem Bild verbunden, dass man im Schneidersitz sitzt, seine Augen geschlossen hat und die Hände locker auf den Knien aufliegen. Aber was genau macht Meditation eigentlich mit einem? Wie kommt man so stark zur Ruhe, dass man den Zustand der Meditation erreicht? Und warum meditiert man? Das alles sind wichtige und berechtigte Fragen, die es zu beantworten gilt. Um die komplette Bandbreite der Meditation zu erfassen, fangen wir damit an, ihre Wurzeln und religiösen Ursprünge zu verfolgen.

Bevor es den Begriff Meditation gab, fanden schon Rituale statt, die der späteren Bedeutung der Meditation sehr nahekommen. Es gab in vielen Völkern – und auch heute noch in Urstämmen – sogenannte Schamanen. Man kann sie grob als Seher bezeichnen, die ganz in der spirituellen Welt angekommen sind und die Weisheit erlangt haben. Ein Schamane nimmt natürliche Substanzen und Pflanzen zu sich, die ihn in einen high-artigen Zustand versetzen. Es heißt, dass diese es dem Schamanen ermöglichen, seinen Körper zu verlassen und während seiner Trance-Reise neue Erkenntnisse zu erlagen, die er dann zurück in die irdische Dimension bringt. So erfährt er Wissen, welches für seine Gemeinschaft oder seine Umwelt von großer Wichtigkeit sein könnte.

Dieses Aufsteigen in andere Dimensionen, welches der Schamane erfährt, erinnert stark an das Konzept von Meditation und hat auch mehr oder weniger das gleiche Fundament. Man möchte zur kompletten Ruhe kommen und seine Gedanken gänzlich abschalten. Es ist das Ziel, sich nur im Hier und Jetzt zu befinden und nur auf das zu achten, was man gerade tut. Nur wenn der Schamane diesen Zustand erreicht, kann er sich aus seinem eigenen Körper lösen und die Weisheit finden. Der Begriff Meditation ist zwar erst später entstanden als solche Rituale, aber aus heutiger Sicht könnte man sagen, dass sie die Voraussetzung für das erfolgreiche Handeln eines Schamanen ist. Aber wo kommt dann die Meditation her?

Entgegen den Erwartungen findet die Meditation ihren Ursprung nicht in Thailand oder China, sondern in Drawidien, einem südlichen Teil des heutigen Indiens. Die Meditation findet ihren Ursprung also keineswegs im Buddhismus, auch wenn sie in dieser Religion auch heute noch eine sehr wichtige Rolle spielt. In Indien war die Meditation aber auch religiös geprägt und stellte eine Art Fokus auf das Göttliche dar. Diese erste Form der Meditation reicht weit bis vor Christus zurück, man vermutet, dass die Praxis der Meditation circa 11.000 vor Christus angefangen hat.

Heute ist die Meditation in den östlichen Kulturen und Religionen, wie dem Buddhismus und dem Daoismus, noch sehr dominant. Da man im Buddhismus nicht an einen Gott glaubt, sondern an die Wiedergeburt, ist die Meditation ein Weg, sein Karma möglichst reinzuhalten und somit ein gutes nächstes Leben gewährt zu kriegen. Man möchte sich von allen irdischen und negativen Gefühlen wie Begierde, Hass oder Eifersucht lösen. Wenn man so seine Ketten zu allem Weltlichen gelöst hat, kann man die Erleuchtung erreichen und zum Buddha werden, was das höchste Ziel im Buddhismus darstellt. Die Funktion der Meditation im Daoismus ist eine Ähnliche. Man möchte sich durch die Meditation dem „Dao“, dem rechten Weg, annähern und ihn beschreiten.

Das typische Bild des Meditierens, im Schneidersitz und mit geschlossenen Augen, ist nicht der einzige Weg, zu meditieren. So wird oft von Mönchen auch eine Art meditativer Tanz vollführt oder man versenkt sich ganz im Musizieren. Meditation bedeutet nämlich nicht, dass absolute Stille herrschen muss oder man bewegungslos bleiben sollte. Man soll lediglich versuchen, seine ganze Aufmerksamkeit und sein ganzes Sein nur auf eine einzige Sache zu richten. Man soll nicht über Vergangenes oder Bevorstehendes nachdenken, sondern sich nur im Hier und Jetzt befinden und all seine kognitive Kapazität in die Gegenwart investieren. Diese Fertigkeit, sich nur mit dem Moment zu beschäftigen, ist eine großartige Fähigkeit für das Nunchi. Durch die Meditation leert und mobilisiert man seinen Geist und lässt alle Vorurteile und vorgefertigten Gedanken und Einstellungen los. Man ist ohne Erwartungen und fokussiert sich nur auf das, was gerade geschieht. Die Praktizierung der Meditation erlaubt einem also, unvoreingenommen einen Raum zu betreten und sich der Situation dort so zu stellen, wie sie ist, ohne dass Erwartungen, Vorwissen oder Intentionen dies beeinflussen. Man kann sich komplett der Wahrnehmung von Stimmungen und Energieströmen hingeben und so die Situation im Raum kennenlernen.

Es ist schwer, seine Vorurteile abzulegen, aber wer es schafft, sie zu bemerken, ist schon eindeutig auf dem Weg der Besserung. Es ist keine Schande, sich einzugestehen, dass man mit gewissen Erwartungen oder Stereotypen im Kopf an eine Situation herangegangen ist. Einsicht ist der erste Schritt zur Besserung. Wenn man diese Einsicht erlangt hat, kann man Schritt für Schritt versuchen, sich davon zu lösen. Um möglichst effektiv gegen einen schwirrenden Kopf, der in der Vergangenheit, Gegenwart und Zukunft hängt, anzukämpfen, wird sehr stark empfohlen, dass Sie sich den beschriebenen meditativen Praxen hingeben.

Das ist heutzutage in der westlichen Welt nicht mehr unüblich. Die Meditation hat längst ihren Weg über Staatsgrenzen und Ozeane hinweg in viele Regionen der Welt geschafft. In anderen Ländern verfolgt man aber nicht den Buddhismus als Religion und verspricht sich von der Meditation dementsprechend auch nicht die Erleuchtung, sondern nutzt diese als eine Form der Achtsamkeit. Man möchte damit zur Ruhe kommen, seine Gedanken sortieren, seinen Kopf vom täglichen Stress frei machen und sich Zeit für sich nehmen. Wie fängt man also am besten mit dem Meditieren an?

Natürlich sollte man sich erst einmal darüber informieren, was Meditation genau ist und was man damit erreichen möchte. Das haben Sie durch das Lesen dieses Kapitels schon getan. Sie können also anfangen, sich gleich der konkreten Durchführung zuzuwenden. Zu Beginn ist es für die meisten Menschen sehr hilfreich, geführte Meditationen auszuprobieren, da es einem am Anfang sehr schwerfallen kann, seine Gedanken zu mobilisieren. Dazu gibt es endlose Möglichkeiten: Man kann im Internet ein Video finden, bei dem man einfach mitmachen kann, es gibt DVDs für zuhause oder man kann sich einem Kurs anschließen, der regelmäßig stattfindet. Wenn man die nötigen Erfahrungen gesammelt hat und sich in der Lage fühlt, die Meditationspraxis allein durchzuführen, kann man das auch nur für sich selbst und nach seiner eigenen Struktur absolvieren.

Wer sich mit der klassischen Meditation nicht wohlfühlt und nicht einfach dort sitzen möchte, hat auch andere meditative Methoden zur Verfügung. So kann man auch durch die Yogapraxis, bei der man bestimmte körperliche Übungen ausführt, zur Ruhe kommen und meditative Zustände erreichen. Yoga ist fast überall auf der Welt mittlerweile zu einer beliebten Sportart und Form der Selbstachtung geworden, die von fast allen Generationen ausgeführt wird. Auch hierfür sind Hilfestellungen und Anleitungen vielfach im Internet und in Ratgebern zu finden.

Neben der klassischen Meditation und dem Yoga kann man sich auch dafür entscheiden, sich bei Spaziergängen auf sich selbst und seine Gedanken zu konzentrieren oder in der Musik komplette Versenkung zu finden. Die Meditation ist ein dehnbarer Begriff und eine vielfältige Praxis, bei der eigentlich jeder etwas finden kann, was ihm Spaß macht. Es ist nicht wichtig, was man genau tut, sondern dass man es schafft, sich Zeit zu nehmen, um einmal nur für sich zu sein. Man muss lernen, alle Einflüsse auf sich selbst und seine Umwelt loszulassen und nur im Jetzt zu leben.

Genau mit dieser meditativen Vollkommenheit, in der man sich ausgeglichen und zufrieden fühlt, sollte man auch den Raum betreten, in dem man sein Nunchi anwenden möchte. Der geistige Zustand, in dem man sich während und kurz nach einer Meditation befindet, ist ein sehr wünschenswerter Ausgangspunkt für die Nunchi-Praxis.

Versuchen Sie also unbedingt, einen Weg zu finden, sich diesen inneren Zustand anzueignen – nicht nur, um Ihr Nunchi zu verbessern, sondern auch für Sie selbst und Ihr eigenes Seelenheil. Wenn Sie einmal das Gefühl der Ruhe, Ausgeglichenheit und Vollkommenheit kennengelernt haben, werden Sie gar nicht mehr damit aufhören wollen.

BEWUSSTER UMGANG MIT MEDIEN IM ALLTAG

Die Medien sind in kürzester Zeit ein unentbehrlicher Teil unserer Realität und Gesellschaft geworden. Das Internet und die Möglichkeit, alles sofort nachzuschauen, was einen interessiert, sowie die Tatsache, dass jeder Mensch ein Smartphone besitzt, kommen uns normal vor. Aber noch vor 100 Jahren gab es noch keine Fernseher und vor 30 Jahren war das Smartphone noch gar nicht erfunden. Wir sind in kürzester Zeit einen langen Weg gegangen, der nach und nach Zeitungen und Magazine untergehen lässt. Man kann alles sofort nachschauen und muss meistens nicht einmal etwas dafür zahlen.

Niemand, der eine wichtige Arbeit in der Schule, im Studium oder in der Wissenschaft schreibt, muss dafür endlose Stunden in einer Bibliothek verbringen und ein Buch nach dem anderen durchwälzen. Das Internet sagt einem, welche Literatur relevant ist, und fasst sie einem sogar zusammen. Über die sozialen Medien wie Facebook, Instagram und Snapchat weiß man, was seine Freunde und Bekannten machen, ohne überhaupt mit ihnen reden zu müssen. Es ist eine faszinierende Entwicklung, die in einer unfassbar kurzen Zeitspanne viele neue Möglichkeiten und Gefahren gebracht hat. Kommunikation und Kontakt sowie das internationale Arbeiten sind einfacher, aber gleichzeitig wird der Rhythmus der Welt immer schneller und rastloser. Und das ist genau die Gefahr.

Man findet immer seltener zur Ruhe. Selbst, wenn man allein zuhause ist und ein Buch liest, kann zu jedem gegebenen Zeitpunkt eine SMS, WhatsApp-Nachricht oder E-Mail kommen, die mit einem einzigen klingeln die Ruhe zerstört. Man ist konstant erreichbar und die wenigsten schaffen es noch, ihr Handy für längere Zeit auszuschalten. Die Angst, etwas zu verpassen, ist so dominant und normal geworden, dass man sich kaum noch für längere Zeit von seinem Mobiltelefon entfernt. Dies steht natürlich im krassen Gegensatz dazu, dass die östliche Spiritualität und Meditation auf Ruhe abzielen und auch im Nunchi die Ruhe als Voraussetzung und grundlegende Tugend gilt. Es gilt also, sich von der Medienflut zu distanzieren.

Dazu ist einmal wieder Selbstdisziplin gefragt. Man sollte versuchen, sich selbst möglichst ehrlich und konstant zu kontrollieren, und das Handy wieder weglegen, wenn man sich dabei ertappt hat, es ohne Grund in die Hand genommen zu haben. Man kann sich ganz bewusst Zeiten setzen, in denen man alle Nachrichten beantwortet, zum Beispiel morgens nach dem Aufstehen oder mittags oder abends vor dem Zubettgehen. Man kann sich auch Applikationen, die die Bildschirmzeit messen, installieren, um sich selbst zu kontrollieren, oder man schaltet sein Handy öfter einmal auf stumm. Wer sich in einer Meditation von einem Anruf oder einem Nachrichtenton aufschrecken und unterbrechen lässt, wird Schwierigkeiten haben, sich voll und ganz in diese Ruhe und Selbstachtsamkeit hineinzufühlen.

Nunchi beruht auf Stille und Beobachtung. Diese wird von den Medien und Handys stark gefährdet. Es ist heutzutage normal, immer wieder auf sein Handy zu schauen. Dadurch verlernt man es, die Stille einfach so, wie sie ist, anzunehmen und zu akzeptieren. Man beschäftigt sich immer sofort mit etwas anderem und hat so gar nicht die Chance, die Ruhe wahrzunehmen und kennenzulernen. Das Geschenk der stillen Beobachtung geht verloren. Man ist nicht mehr leise und man sieht nicht mehr richtig hin. Dazu ist die Welt der Medien zu endlos und spannend. Man hat immer etwas zu tun, und wenn man auch nur wahllos zwischen verschiedenen Apps hin und her wechselt.

Sie erkennen also, dass Nunchi mit all seinen Grundprinzipien durch die Medien sehr in Gefahr steht. Der nötige Fokus auf das Hier und Jetzt geht verloren, wodurch man Probleme bekommen wird, einen Raum richtig wahrzunehmen und zu lesen.

Damit Sie Ihr Ziel erreichen können, müssen Sie also vorsichtig mit den Medien umgehen. Dabei ist klar, dass man nicht mehr ganz auf sie verzichten kann. Sie spielen eine zu große Rolle im Alltag der meisten Personen. Man plant darüber Treffen mit Freunden, diskutiert Themen, die Arbeit oder Schule betreffen, und bekommt wichtige E-Mails von Banken und Versicherungen. Trotzdem müssen Sie dringend versuchen, Ihren Medienkonsum einzuschränken und sich einige Stunden am Tag oder die Wochenenden davon frei nehmen. Sie müssen sich aktiv mit sich selbst beschäftigen und innere Ruhe finden, damit Sie Ihren Weg zum Nunchi finden. Ganz wichtig ist es auch, sich von den sozialen Interaktionen, die Sie beobachten oder an denen Sie teilnehmen, nicht ablenken zu lassen. Sobald Sie einen Raum betreten, den Sie lesen und verstehen wollen, muss das Smartphone weggepackt werden. Sie müssen sich selbst darauf hintrainieren, sich von der konstanten Informations- und Nachrichtenflut zu lösen und sich ganz auf den Moment zu konzentrieren.

Wie in der Meditation oder beim Yoga müssen Sie ganz bei sich sein und all Ihre kognitive Energie nur auf eine Sache lenken, und zwar auf die Anwendung Ihres Nunchi. Handeln und Denken Sie bedacht und konzentrieren Sie sich darauf, so viel wie möglich zu beobachten und so wenig wie möglich selbst zu handeln. Nur wenn Sie sich aus dem alltäglichen und medialen Stress herauswinden und zu sich selbst zukehren können, werden Sie auch erfolgreich sein.

Die Medien, egal, ob damit die technischen Erfindungen wie Fernseher, Smartphone und Tablet, der schnelle Nachrichtenaustausch oder die sozialen Plattformen gemeint sind, sind ein Fluch und ein Segen zugleich. Finden Sie den perfekten Mittelweg, um alle Vorteile ausschöpfen zu können, aber gleichzeitig nicht zu abhängig davon werden. Tun Sie alles bewusst! Nehmen Sie sich ganz intentional die Zeit, im Internet über aktuelle Themen zu recherchieren, Nachrichten und E-Mails zu beantworten und sich Interessen hinzugeben. Nehmen Sie sich aber genauso bewusst die Zeit, einen Schritt zurückzutreten, die Medien für einige Stunden hinter sich zu lassen und sich ganz auf sich selbst und die Gegenwart zu konzentrieren. Finden Sie eine Balance, in der Sie sich wohlfühlen und noch fest verankert in der rastlosen Welt, aber gleichzeitig weitab von ihr sind. Ein gesunder und ausgewogener Umgang mit den Medien ist essenziell für Ihr Nunchi und für Ihr persönliches Wohlbefinden.

Es bedarf wiederholter Übung und Durchhaltevermögen, um Ihren Alltag, wie in diesem Kapitel beschrieben, umzustellen und zu führen. Sie müssen sich in Selbstdisziplin üben, Rituale und Verbindlichkeiten in Ihr alltägliches Leben integrieren, Abstand zu den Medien gewinnen und sich der Kunst der Meditation hingeben. Das sind viele kleine Veränderungen, zum Teil einfach nur in der Denkweise und zum Teil in tatsächlichen Taten und Ausführungen. Sie alle passieren nicht sofort, sondern werden durch konstante Übung und Wiederholung nach und nach Teil Ihrer Routine und

Ihres Daseins werden. Es wird so schleichend und gleichzeitig so schnell vonstattengehen, dass Sie kaum bemerken werden, wie Sie in einen immer besseren und weiter ausgeglichenen Zustand gelangen und schon fast bei einem sehr schnellen Nunchi angekommen sind. Haben Sie Geduld, Disziplin und Achtsamkeit und Sie werden schon bald Ergebnisse erkennen können.

Nunchi als universelle Supermacht

Das Erlernen von Nunchi hört sich mittlerweile nach sehr viel Arbeit an. Man muss sich viel Wissen aneignen, die koreanische Kultur besser kennenlernen, all die Grundprinzipien und Denkansätze verstehen und sich neuen Hobbys, wie beispielsweise der Meditation, zuwenden. Da fragt man sich im Prozess schon mehr als einmal: „Wieso das Ganze nochmal? Was verspreche ich mir davon?". Die Antwort ist natürlich, dass man Nunchi in allgemeinen Lebensbereichen anwenden und nutzen möchte. Man will erkennen, wann andere davon Gebrauch machen, egal, ob bewusst oder unbewusst, und wann Nunchi einem selbst von Vorteil sein kann. Gehen Sie also jetzt konkret durch alltägliche Handlungsfelder und lernen Sie, wofür Nunchi in diesem Kontext von Nutzen ist. Lernen Sie, Nunchi in der realen Welt anzuwenden.

PERSÖNLICHES LEBEN

Im persönlichen, alltäglichen Leben kann Nunchi eine große Veränderung bedeuten. Man muss beim Erlernen dieser Kunst womöglich viele Gewohnheiten, die man bisher verfolgt hat, loslassen und versuchen, sich ganz und gar dem Nunchi hinzugeben und es zu verfolgen. Aber dafür bekommt man auch die Ergebnisse, die man sich wünscht. Wenn man nicht damit aufgewachsen ist und keine koreanischen Wurzeln hat, begeht man den Weg des Nunchi nicht grundlos, sondern man wünscht sich, seine Umwelt besser zu verstehen und sich in sie eingliedern zu können. Dies beginnt schon in den ganz alltäglichen Situationen.

Wenn man beispielsweise jemanden trifft, der nur ein vager Bekannter ist, oder wenn man in seiner Stammbäckerei meist vom gleichen Mitarbeiter bedient wird, ist es oft schwer, zu wissen, wie man mit solchen Personen reden soll. Was ist zu viel gesagt? Was ist so wenig, dass ich unhöflich erscheine? Wer sein Nunchi viel geübt hat und beherrscht, weiß, dass es besser ist, wenig zu sagen. Man kann zum Beispiel einfach eine simple Frage zum Wohlbefinden des anderen stellen oder – spezifischer – nach einem Lebensaspekt wie der Arbeit oder der Familie fragen, wenn man weiß, dass dieser relevant für den anderen ist.

Die Person wird erzählen, was und so viel sie möchte, und man selbst kann sich in einer der grundlegenden Tugenden des Nunchi, nämlich dem Zuhören, üben. Gegenfragen sollte man simpel und kurz, aber nicht abweisend beantworten. Falls aber keine Erwiderungen oder direkten Fragen an Sie gestellt werden, sollten Sie nicht zwanghaft versuchen, die Konversation weiterzuführen. Nunchi ist die Kunst des stillen Beobachtens und wenn der Gesprächspartner nicht versucht, die Konversation aufrechtzuerhalten, ist dies ein eindeutiges Zeichen, dass man selbst es auch nicht versuchen sollte.

Die Stille und das reine Beobachten sind der Schlüssel zum Nunchi. Reagieren Sie eher, als dass Sie agieren. Sie müssen ein Gespräch nicht leiten oder vorantreiben, sondern einfach mitschwimmen. Lassen Sie andere Menschen die Stille füllen oder lassen Sie die Stille einfach passieren. Das gibt Ihnen auch die Chance, Implizites zu bemerken und zu verstehen. Sie können die Körpersprache und Mimik sowie die Umwelt und die Situation um sich herum wahrnehmen. Seien Sie aufmerksam im Gespräch, aber richten Sie nicht all Ihre geistige Kapazität darauf. Es ist wichtig, das große Ganze wahrzunehmen, also vergessen Sie nicht, sich umzusehen.

Die Stille ist für viele Menschen unangenehm, vor allem, wenn man sie mit Menschen teilt, mit denen man sich nicht ganz vertraut und sicher fühlt. Es ist meist kein Problem, gemeinsam mit seinen besten Freunden, seinem Partner oder der Familie zu schweigen, aber mit anderen fühlt man sich dabei unwohl. Die Übung von Nunchi mit all seinen Prinzipien, die Meditation und die Praxis der Beobachtung helfen einem dabei, sich mit einer solchen unangenehmen Stille auseinanderzusetzen und sich in ihr zu Hause zu fühlen. Wenn das unwohle Gefühl Ihnen also in einem Schweigen begegnet, dann flüchten Sie nicht davor, sondern versuchen Sie ganz offen, sich selbst damit zu konfrontieren. Bleiben Sie in der Stille und halten Sie sie aus, wenigstens für einen kurzen Moment. Denn durch die Akzeptanz des Schweigens und das Ablegen des unangenehmen Gefühls gewinnen Sie Bewusstsein und Zugehörigkeit in der Situation. Sie werden mit mehr Sicherheit und weniger Zweifeln in sozialen Situationen stehen, da Sie sich nicht mehr vor der Stille fürchten müssen und deshalb nicht mehr versuchen, diese krampfhaft auszufüllen.

Nunchi soll Ihnen auch dabei helfen, unvoreingenommen zu sein, egal, ob sich das auf Neues oder Altbekanntes bezieht. Man sollte zum Beispiel einem Menschen, mit dem man in der Vergangenheit nicht gut klarkam, neutral gegenübertreten und die Person, die man in der Gegenwart trifft, unabhängig von der Person, der man früher feindselig gegenüberstand, betrachten. Jede Person entwickelt sich konstant weiter, so wie Sie das auch getan haben. Alles ist im Fluss, alles verändert sich. Deshalb hat der Gegenüber es verdient, seine Veränderungen zu zeigen, ohne dabei voreingenommen beurteilt zu werden. Lösen Sie sich also von allem Vorwissen, von Klischees und von Stereotypen. Jede Situation ist anders und muss deshalb neu analysiert werden.

Auch wenn es um etwas geht, mit dem Sie sich noch nicht befasst haben, oder wenn Sie jemanden treffen, den Sie noch nicht persönlich kennen, ist es wichtig, die eben erwähnte Unvoreingenommenheit zu wahren. Jeder Mensch tendiert dazu, zu einer Sache eine vorgefertigte Meinung zu haben, ohne sich überhaupt damit beschäftigt zu haben. So hat man beispielsweise oft eine negative Meinung von einer politischen Partei, ohne sich wirklich mit ihrem Programm und ihren Inhalten beschäftigt zu haben. Nur durch Einordnungen in das Links-Rechts-Spektrum oder durch mediale Einflüsse glaubt man, sich mit dem Thema auseinandergesetzt und sich selbst eine Meinung gebildet zu haben, obwohl man eigentlich von der Öffentlichkeit dahingehend beeinflusst wurde. Auch wenn man einen Menschen trifft, der einem selbst unähnlich oder in einer bestimmten Art extrem wirkt, zum Beispiel durch Tattoos, Piercings sowie dunkle Kleidung, gilt dies. Man verhält sich voreingenommen, da man sich von Äußerlichkeiten beeinflussen lässt, und fühlt sich trotzdem so, als hätte man eine Begründung, jemanden in schlechtem Licht zu sehen.

Durch Nunchi entzieht man sich solchen Einflüssen und Vorurteilen. Man lernt, jeden Tag als einen Neuen zu betrachten und sich in jeder Begegnung so zu verhalten, als wäre es die Erste. Was gestern zugetroffen hat, muss heute nicht mehr wahr sein. Sie wollen die Chance von anderen bekommen, neu wahrgenommen zu werden, wenn Sie sich schlechter Eigenschaften entledigt haben, und genau die gleiche Chance sollte auch jeder andere Mensch und jedes andere Thema bekommen. Sie können in Ihrem Privatleben so verfahren, wie die Justiz es im Strafrecht tut, nämlich nach dem Prinzip, „Unschuldig bis zum Beweis der Schuld“. Stehen Sie allen Dingen des Lebens unvoreingenommen und offen gegenüber, bis Ihnen ein Grund gegeben wird, dies nicht mehr zu tun.

Integrieren Sie Nunchi also in Ihren Alltag. Nutzen Sie Ihre Fähigkeiten in kleinen sozialen Interaktionen und in der Meinungsbildung. Üben Sie täglich, sich in der Stille wohlzufühlen, und praktizieren Sie die Unvoreingenommenheit, wo Sie können. Nunchi kann Ihren Alltag stark verändern. Es kann Sie ausgeglichener, ehrlicher und ruhiger machen. Sie werden sehen, dass Sie ganz automatisch schlechte Eigenschaften ablegen, sich weniger beeinflussen lassen und als Mensch reifen. Die Macht von Nunchi wird Sie Ihrem idealen Selbst einen Schritt näherbringen.

GESUNDHEIT

Entgegen der Aussage der Kapitelüberschrift ist Nunchi keine Supermacht. Es ist keine außergewöhnliche magische Gabe, die man hat, und man wird damit auch nicht Superman. Man ist kein Zauberer oder Held. Nunchi kann keine Krankheiten heilen oder gebrochene Knochen wieder zusammenwachsen lassen. Wer Nunchi beherrscht, ist noch lange nicht Merlin oder Harry Potter. Trotzdem kann man sagen, dass die koreanische Spiritualität große Auswirkungen auf die Gesundheit hat. Was das genau bedeutet und wie es funktioniert, erfahren Sie nun.

Nunchi ist eine komplexe Art des Denkens und des Handelns. Es zielt auf Ausgeglichenheit und innere Ruhe ab. Man soll sich mit sich selbst und in seinem Körper wohlfühlen, damit man sich auch in jeder sozialen Situation zugehörig fühlen kann. Dies wird durch große Achtsamkeit und Selbstdisziplin erreicht. Man trainiert quasi sein eigenes Körper- und

Existenzgefühl und nimmt sich selbst in seiner eignen Umwelt neu wahr. All diese Übungen der Selbstakzeptanz und Achtsamkeit sind auch Mittel, mit denen man versucht, psychische Krankheiten im Zaum zu halten und sie besser zu kontrollieren. Bei Depressionen, dem Borderline-Syndrom, Ess-, Zwangs- und Angststörungen sowie weiteren psychischen Krankheiten versucht man, ein Gefühl der Unzugehörigkeit, Unsicherheit sowie soziale Ängste zu verringern. Dabei sind Methoden üblich, die man auch beim Erlernen des Nunchi verfolgt.

Die Selbstachtung und Meditation, das Richten der Aufmerksamkeit nach Innen und die schrittweise Annäherung an ein Gesamtziel, nämlich die innere Ausgeglichenheit, sind hierbei der Schlüssel zur Verbesserung der psychischen Gesundheit. Nunchi bringt einem also nicht nur größeres Verständnis für soziale Situationen, sondern stabilisiert gleichzeitig auch die eigene Psyche. So verfestigt man seine eigene innere Stabilität und macht sich weniger angreifbar, durch bestimmte Ereignisse geistig große Schäden davon zu tragen. Man kann Nunchi oder auch nur Teilaspekte davon gut dazu nutzen, psychischen Krankheiten, einem unsicheren Selbstbild oder Depressionen vorzubeugen. Nunchi sorgt dafür, sich in soziale Situationen einzugliedern und diese zu verstehen.

Das ist nicht nur ein guter Lebensweg, wenn man sich wohler in solchen Situationen fühlen will oder sie zu seinem Vorteil nutzen möchte, sondern auch, wenn man mit sozialen Ängsten zu kämpfen hat. Man lernt, aktiv an den Situationen teilzunehmen, ohne dass man dabei große Redeanteile hat oder das Gefühl haben muss, eine fundamentale Rolle zu spielen.

Die vielseitige Kunst des Nunchi erdet Sie und Ihren Geist, bringt Ihr Inneres ins Gleichgewicht und hilft Ihnen, sich in Ihrer eigenen Haut und Existenz wohlzufühlen und zu akzeptieren. Es ist vielleicht also doch eine Supermacht, da das Nunchi so viele Lebensbereiche positiv beeinflusst und mit nur einem Satz an Fähigkeiten so viel Veränderung auf einmal bewirken kann. Auch beim Thema Gesundheit ist die Kraft des Nunchi vielseitig. Sie hilft nicht nur, die Psyche zu stabilisieren, sondern lehrt auch das Kämpfen und Durchhalten bei akuten körperlichen Mängeln. Wenn jemand beispielsweise an einer Art von Krebs oder an einer anderweitigen schweren, vielleicht sogar tödlichen Krankheit leidet, kann Nunchi einem die Kraft geben, durchzuhalten und sich selbst nicht aufzugeben. Dadurch, dass man sich darüber bewusst ist, dass alles im Fluss ist und sich ständig verändert, dass jede Ursache eine Wirkung nach sich zieht, schafft man es auch in schweren Zeiten, jeden Tag als einen neuen Start anzusehen.

Man fokussiert sich darauf, dass Veränderung langsam und schleichend, aber trotzdem konstant ist, und dass man Veränderungen, egal, ob positiv oder negativ, vorerst nicht bemerkt. Die Hoffnung, die innere Sicherheit und der Kampfgeist einer Person, die die Prinzipien von Nunchi verinnerlicht hat, sind meist sehr stark. Sie ist unvoreingenommen und realistisch, weiß, dass eine Krankheit ein ernstes Thema ist, aber wähnt sich nicht sofort verloren, genau so wenig, wie sie daran glaubt, auf jeden Fall geheilt zu werden. Sie sieht jeden Tag als neue Chance, die Krankheit zu bekämpfen.

Das Gleiche gilt für nahestehende Personen von jemandem, der sich in einem kritischen Krankheitszustand befindet, egal, ob dieser körperlich oder psychisch ist. Wenn diese Menschen emotionale Unterstützung bieten, sind sie ruhig und emotional stabil. Das hilft schon sehr, da es für die kranke Person meist schon sehr schwer ist, mit ihren eigenen wechselnden Emotionen und mit der Unsicherheit klarzukommen. Wenn man sich als Unterstützender dabei, ganz nach den Regeln von Nunchi, verständnisvoll, aber nicht zu emotional investiert zeigt, hilft das sehr dabei, jemandem ein kleines Stück Last abzunehmen.

Man gibt ihm das Gefühl, für ihn da zu sein, ohne dabei noch seine eigenen negativen und ängstlichen Gefühle zu zeigen und diese auf der kranken Person abzuladen. So kann die Person sich ganz auf sich konzentrieren, um ihre eigene innere Ruhe und die Kraft zu finden, die im Kampf mit einer schweren Krankheit essenziell ist. Mit Ruhe, Achtsamkeit auf sich selbst und dem nötigen Bewusstsein für seinen Körper schafft man es, sich von einer Diagnose nicht verschlingen zu lassen. Man lässt die Krankheit nicht stärker werden als man selbst und versucht, sein Bestes zu geben, damit sie einem nicht über den Kopf wächst. Viel eher möchte man seinen Weg hin zur Genesung genauso angehen, wie man soziale Situationen evaluiert: ruhig und überlegt, mit der nötigen Besonnenheit und Achtsamkeit.

Der Weg des Nunchi ist also nicht nur ein Weg zum größeren sozialen Verständnis und der richtigen Navigation in Gruppen, sondern hat auch viele positive Einflüsse auf die Gesundheit. Dabei ist es egal, ob es um psychische oder körperliche Krankheiten geht, ob man selbst betroffen ist oder jemand anderem beisteht. Man erfreut sich eines sichereren Selbstwerts und somit einer stabileren Psyche. Durch das Erlernen der inneren Ruhe und der Selbstdisziplin sowie durch das regelmäßige Verfolgen von Achtsamkeitsübungen lernt man, sich mit sich selbst wohlzufühlen. So beugt man vielen schwerwiegenden Krankheiten vor, die bei den Betroffenen das Leben dominieren und sie innerlich schwächen und angreifbar machen. Gleichzeitig hilft eine innere Sicherheit, auch genau diese Eigenschaften in einer anderen Person hervorzuholen, wenn diese mit einer Krankheit zu kämpfen hat.

Alles in allem gewinnt man mit Nunchi also persönliche Fähigkeiten, die einen zu einem guten Kämpfer gegen medizinische Schwierigkeiten macht und außerdem als emotionale Unterstützung von großer Wichtigkeit sind.

FAMILIE

Die Familie ist in der koreanischen Kultur eine der wichtigsten Instanzen im Leben eines Individuums. Aber auch für fast jede Person auf der Welt gehören die Familienmitglieder zu den engsten und wichtigsten Bezugspersonen. Man wurde von seinen Eltern in diese Welt gebracht und großgezogen, sie haben einem viel beigebracht und mitgewirkt, den Charakter zu formen und einem zu dem Menschen zu machen, der man heute ist. Man hat seine Gene und damit zum Teil seine Charakterzüge, sein Umfeld in der Kindheit und Jugend und seine Voraussetzungen im Leben ihnen zu verdanken. Die Geschwister kennt man meist besser und länger als fast jede andere Person in seinem Leben, sie sind der erste Freund, der erste Feind, der Spielgefährte und Verbündete, aber auch der Grund für Tränen.

Die Familie ist im Normalfall ein Teil des Lebens, der viel Einfluss auf das Selbst, die Wertvorstellungen, Ziele und Manieren hat. In Korea sieht man die Familie als genau das an, als ein Ausgangspunkt, ein sicherer Hafen und vor allem als ein Umfeld, das eine Person prägt. Deshalb ist es logisch, dass sich im koreanischen Nunchi auch viele Zusammenhänge und Bezüge zur Familie finden lassen.

Eines der fundamentalen Prinzipien des Konfuzianismus, das sich auch im Konzept des Nunchi wiederfindet, ist der Respekt. Man soll allen Menschen, aber vor allem seinen Eltern und Ahnen gegenüber respektvoll sein, auf sie hören und sich ihnen unterordnen. Das ist in den meisten Familien, egal, ob koreanisch oder in einer anderen Nationalität und Kultur, gegeben. Das Ausmaß von Respekt dagegen ist aber sehr unterschiedlich. Manche verstehen sich immer gut mit ihren Eltern und folgen ihren Anweisungen, während andere durch rebellische Phasen gehen und zum Teil Entscheidungen treffen, nur um ihre Eltern zu verärgern. In Korea ist der Respekt grundsätzlich von größerer Wichtigkeit als in westlichen Kulturen. Auch während der Pubertät wird es als unangebracht angesehen, sich gegen seine Eltern aufzulehnen. Wenn man also ganz nach den koreanischen Grundprinzipien in jeder Lebenslage seine Eltern als höhergestellt wahrnimmt, verbessert das die Eltern-Kind-Beziehung maßgeblich. Das familiäre Gesamtklima wird besser und Streitereien werden seltener. Man umgeht so auch Situationen, in denen man aus dem Moment heraus unüberlegt spricht oder streitet und später bereut, seine Familienmitglieder angefahren zu haben, oder in denen man sich als Erwachsener wünscht, dass man seine Eltern in der Jugend mehr zu schätzen gewusst hätte. Ruhe, Ausgeglichenheit und die Tugend, zu denken, bevor man spricht, sind alles Lehren des Nunchi, die man in der familiären Interaktion nutzen sollte. So kann die Familie zu einem konstruktiven und liebenden Umfeld des gegenseitigen Respekts werden, in dem man sich wohlfühlt. Wenn alle die Fähigkeit des Zuhörens teilen, fühlt man sich in seinen Problemen gehört und verstanden und erhält Unterstützung durch die Familienmitglieder.

Die Familie ist im traditionellen koreanischen Sinne auch „der Ort", wo man die Prinzipien und Grundsätze des Nunchi lernt und anfängt, zu verstehen, was sie bedeuten. Wer nicht in einem koreanischen Haushalt aufgewachsen ist und von Anfang an mit der Lehre des Nunchi vertraut gemacht wurde, hat es deutlich schwerer, sie im Nachhinein noch zu verinnerlichen. Tugend, Sitte und Manieren bilden einen großen Teil der familiären Erziehung und nehmen großen Einfluss auf soziale Situationen. Wenn man allgemeingültige Manieren beherrscht und automatisch verfolgt, kann es einem zum Beispiel nicht unangenehm sein, auf eine mangelnde Etikette hingewiesen zu werden, und man beschwört keine peinlichen Situationen für sich und andere herauf. Die Grundveranlagung für erfolgreiche soziale Interaktionen liegt also in der Familie.

Selbst, wenn man keine koreanische Abstammung hat, kann es in der Kindererziehung ratsam sein, Nunchi, egal, ob als Ganzes oder nur in Teilen, anzuwenden und zu lehren. Wer seine Kinder respektvoll behandelt, ihnen zuhört und Entscheidungen, die ihr Leben betreffen, mit Ruhe und Rationalität trifft, kann im Gegenzug das gleiche Verhalten erwarten. Es ist normal, dass Kinder und Eltern streiten, dies kann durchaus wichtig für die Entwicklung sein, allerdings sind entstehende Auseinandersetzungen in vielen Fällen unnötig und unproduktiv.

Kinder und Eltern fühlen sich gleichermaßen nicht verstanden und versuchen, kraftvoll ihre Meinung durchzusetzen. Statt es so weit kommen zu lassen, muss man lernen, einander zuzuhören und auch wirklich zu verstehen, was der andere sagt, um den Konflikt möglichst gut zu lösen. Nunchi bedeutet Sittlichkeit, Tugend und Aufmerksamkeit auf das Umfeld. Falls Sie Kinder haben, versuchen Sie, ihnen das beizubringen. Man muss sich nicht komplett auf einen spirituellen Weg begeben oder diese Fähigkeiten überhaupt mit dem Begriff Nunchi in Verbindung bringen, aber sie zu lernen und weiterzugeben ist eine gute Sache. Ihr Kind wird sich so nämlich zu einem ausgeglichenen, gut befähigten Menschen entwickeln, der in sozialen Situationen keine Schwierigkeiten sieht. Es ist ein erster Schritt, ein Kind zu einem respektvollen, ausgeglichenen und gut angepassten Menschen zu erziehen.

Die Familie ist auf globaler Ebene eine Instanz, die einem Werte, Tugenden und Manieren vermitteln sollte, egal auf welche Kultur oder welches soziale Umfeld diese sich beziehen. In Familien, die die Philosophie von Nunchi verfolgen und leben, sind Werte wie Respekt, die familiäre Hierarchie und gegenseitige Achtung noch einmal von größerer Bedeutung als in anderen Kulturen.

Nunchi verhilft zu beständigen und ausgeglichenen familiären Beziehungen und verbessert den Umgang miteinander, bietet aber auch ein gutes Fundament oder einen Leitfaden für die eigene Kindererziehung. Die Zeit mit der Familie besteht aus sozialen Interaktionen und obwohl man die Menschen besser kennt als fast alle anderen, ist es trotzdem immer wieder nötig, zwischen den Zeilen zu lesen, zuzuhören und zu versuchen, die Situation zu verstehen. Auch bei etwas so Familiärem wie der Familie ist Nunchi unentbehrlich, vor allem, wenn die ganze Familiendynamik und die Werte auf dem Konzept aufbauen. Die Familie ist gleichzeitig der Ort des Erlernens von Nunchi und der Ort der Anwendung.

LIEBE UND BEZIEHUNG

Liebesbeziehungen werden ab einem gewissen Alter eine der wichtigsten Partnerschaften mit einer der wichtigsten Personen im Leben. Man liebt eine bestimmte Person sehr und möchte gerne, dass sie langfristig Teil des Lebens bleibt. Das ist aber nicht immer einfach. Meinungsverschiedenheiten, schwierige Lebensumstände und auch die anderen Verpflichtungen im Alltag, wie Beruf und Familie, tragen oft dazu bei, dass Streitereien entstehen oder sich ein Partner vernachlässigt fühlt. Die Liebesbeziehung ist wohl die fragilste von allen, zumindest zu Beginn, da sie eine viel intimere Basis voraussetzt als Freundschaften und weil die Menschen sich deswegen verletzlicher machen. Aber eine glückliche und gut funktionierende Beziehung kann dafür umso schöner sein und das Gesamtbefinden der beiden Partner signifikant verbessern. Was muss man also tun, damit die Beziehung möglichst positiv und reibungslos ist? Können wir zur Hilfe Nunchi anwenden?

Natürlich ist eine Beziehung etwas sehr Komplexes, das auf viele Einflussfaktoren unterschiedlich reagiert. Es gibt kein perfektes Rezept für eine gelungene Partnerschaft und manchmal ist der feste Freund oder die Freundin auch einfach nicht der oder die Richtige. Trotzdem gibt es einige typische Situationen mit Auseinandersetzungspotenzial, bei denen Nunchi Abhilfe schaffen könnte.

Beginnen wir beim Kennenlernen, also mit dem Zeitpunkt vor der eigentlichen Beziehung. Durch die Anwendung von Nunchi kann schon beim ersten Date die Grundsituation erkannt und interpretiert werden. Lesen Sie die Körpersprache des Gegenübers und achten Sie darauf, worüber er redet. Sie werden nicht nur mögliche gemeinsame Interessen feststellen können, sondern auch herausfinden, wie sehr sich der andere körperlich zu Ihnen hingezogen fühlt oder wie bereit er für eine Bindung erscheint. Gute Zeichen sind es zum Beispiel, wenn der Körper zu Ihnen hingedreht ist, der andere sich vielleicht auch ein bisschen herüber lehnt und Augenkontakt aufgenommen wird. Das Gegenteil, also zurücklehnende Haltung und Verschließung, sind andererseits eher negative Indikatoren. Neben diesen simplen Beispielen gibt es noch einige andere Hinweise, aber am besten ist es einfach, sich auf seine Intuition zu verlassen und die Stimmung wahrzunehmen, die in der Situation vorherrscht. Das sind meist die wichtigsten Faktoren, um eine Situation richtig zu interpretieren.

Die Fähigkeit des Nunchi kann Ihnen also schon bei potenziellen Partnerschaften einen guten ersten Eindruck über die Person sowie über ihre Einstellung zu Ihnen und zu einer möglichen Beziehung verschaffen. So haben Sie mehr Wissen darüber, worauf Sie sich möglicherweise einlassen und wie die andere Person zu Ihnen steht. So erleben Sie keine bösen Enttäuschungen.

Auch anderes herum ist die Anwendung des Nunchi eine sehr hilfreiche Fähigkeit. Durch das Ausleben der Prinzipien und Tugenden können Sie selbst meist einen sehr guten ersten Eindruck von sich erzeugen. Man achtet auf die in der Kindheit erlernten Sitten und Manieren und wendet sie aktiv an. Das allein erzeugt schon einen Eindruck von Zuvorkommenheit und Anstand. Zusätzlich ist natürlich, wie immer im Nunchi, der nötige Respekt für die andere Person eine grundlegende Tugend. Vor allem ist aber die Fähigkeit des stillen Beobachtens von großem Vorteil bei einer der ersten Begegnungen. Man muss seinem Gegenüber und dessen Ausführungen seine volle Aufmerksamkeit schenken, um möglichst viel über den anderen zu erfahren und ihn so in kurzer Zeit sehr gut kennenzulernen. Sie werden dabei auch noch als guter Zuhörer und angenehmer Gesprächspartner gelten, was den ersten Eindruck, den Sie erzeugen, zu einem sehr Positiven macht.

Scheuen Sie also nicht davor zurück, Ihre Fähigkeiten des Nunchi zu verwenden, um jemanden kennenzulernen. Sie zeigen sich dadurch von Ihrer besten Seite und haben gleichzeitig die Möglichkeit, sehr schnell möglichst viel über einen potenziellen Partner und die Dynamik zwischen Ihnen zu erfahren.

Aber nicht nur zu Beginn einer Beziehung, sondern auch in einem fortgeschrittenen Stadium kann Nunchi zur Harmonie und zum Glück beitragen. Zum einen darf man auf keinen Fall jemals damit aufhören, einander zuzuhören. Kommunikation ist der Schlüssel zu einer erfolgreichen Beziehung und dieser Diskurs wird durch die Tugenden des Nunchi erleichtert. Man muss seine Aufmerksamkeit immer voll und ganz dem schenken, was der Partner einem mitteilen möchte.

Bei Nunchi hört man nicht zu, um zu antworten, sondern man hört zu, um die andere Person zu verstehen. Genau dieser Ansatz muss immer gelten, auch wenn man schon sehr lange Zeit miteinander verbracht hat oder gerade in einer schwierigen Meinungsverschiedenheit steckt. Auch im Streit muss der anderen Person immer Respekt entgegengebracht werden. Es sollte gegeben sein, dass die Meinung des anderen immer nachvollzogen und akzeptiert wird und dass man niemals ausfallend wird und vergisst, sich gegenseitig zu respektieren. Man muss mithilfe seiner inneren Ruhe und Ausgeglichenheit agieren und durch Kommunikation sowie durch das Lesen der Stimmung versuchen, die Situation aufzulösen.

Wenn man nie vergisst, sich gegenseitig zuzuhören, einander in Stille zu beobachten und sich den Raum zu geben, über Probleme oder Herausforderungen im Leben zu sprechen, wird man eine weitgehend harmonische und glückliche Beziehung führen. Denken Sie immer daran, dass die meisten Konflikte dadurch entstehen, dass man sich nicht gehört und unverstanden fühlt. Wenn Sie Ihrem Nunchi treu bleiben und es immer weiter aktiv praktizieren, wird Ihr Partner sich sehr wahrscheinlich nicht so fühlen. Sie werden ihm eine sichere, liebevolle Beziehung bieten können, in der er sich fallen lassen kann und gehört sowie verstanden fühlt. Nunchi macht Sie also nicht nur zu einem aufmerksameren Menschen, sondern auch zu einem guten und verständnisvollen Partner. Die Liebe und die Sicherheit, die Ihr Freund oder Ihre Freundin von Ihnen bekommt, wird die andere Person auch zurückgeben. Sie werden sich genauso gehört und verstanden fühlen und sich so eine stabile und glückliche Beziehung schaffen.

Schrecken Sie nicht davor zurück, Ihre durch das Nunchi erworbenen Fähigkeiten auch in der Liebeswelt anzuwenden. Es wird Ihnen Klarheit und Sicherheit beim Prozess des Kennenlernens bieten und dazu beitragen, dass sich schnell herauskristallisiert, ob eine Bekanntschaft eine Zukunft hat. Nunchi wird Sie offene Kommunikation lehren, was die allermeisten Beziehungsprobleme beseitigen kann, bevor sie zu einem Streit ausarten. Sie werden durch die Wahrnehmung von Stimmungen im Raum erkennen, wenn es Ihrem Partner schlecht geht, und ihm in einem schwierigen Moment beistehen können. Durch die Kraft von Nunchi werden Sie es schaffen, ein Umfeld für eine glückliche und harmonische Beziehung zu bilden und aufrechtzuerhalten.

Vergessen Sie nie, was Nunchi Sie gelehrt hat, und Sie werden nicht vergessen, wie Sie in Ihrer Partnerschaft so glücklich geworden sind.

FREUNDE

Freundschaften sind für viele Menschen ebenso wichtig wie familiäre Beziehungen. Freunde können zu den engsten Vertrauten und wichtigsten Bezugspersonen gehören. Dabei ist es egal, ob man jemanden erst seit einigen Monaten, schon seit vielen Jahren oder sein ganzes Leben lang kennt. Freunde helfen einem durch schwere Zeiten, erleben die glücklichen Momente gemeinsam mit einem und sind eine beständige Unterstützung. Freundschaften halten über hunderte Kilometer und über viele Monate und Jahre hinweg an. Sie sind eine Konstante im Leben und das abrupte Ende einer Freundschaft kann ähnlich schmerzhaft sein wie das Ende einer Liebesbeziehung. Die Freundschaft ist ein Geben und Nehmen und muss auf gegenseitiger Liebe und auf gegenseitigem Vertrauen basieren. Die Fähigkeiten des Nunchi können von großer Hilfe in einer Freundschaft sein, egal in welcher Situation.

Zunächst stellt man durch die aufmerksame Beobachtung und das stille Zuhören sehr schnell fest, wenn es einem guten Freund schlecht geht. Man kennt sein typisches Verhalten sehr gut und hat seine Art, seinen Humor und seine Körpersprache meist schon verinnerlicht. Da fällt eine Veränderung normalerweise sehr schnell auf, wenn man nur genügend auf die Grundstimmung und auf die Emotionsströme achtet, die einen umgeben. Oftmals belastet einen engen Vertrauten etwas, was er aber nicht sofort erzählen möchte oder was er nicht noch anderen Menschen aufbürden möchte.

Wenn man also so etwas schon durch das Lesen des Raumes wahrnehmen kann, ist es möglich, ungefragt den nötigen Beistand und Trost zu spenden und somit einer geliebten Person zu helfen. Es ist wohl berechtigt, zu sagen, dass man sich als enger Freund immer wünscht, zu wissen, was gerade wichtig im Leben des anderen ist und ob er Hilfe oder emotionale Unterstützung benötigt. Durch die konstante Anwendung seines Nunchi ist einem garantiert, dass man immer eine Idee hat, wie es der anderen Person geht, und sich dementsprechend verhalten kann. Nunchi hilft also, ein guter Freund zu sein, indem man Verstimmungen der anderen Person sehr schnell wahrnimmt und so als Gesprächspartner da sein kann, egal, ob es um Trauer, Trennung, Stress oder Angst geht.

Freundschaften sind meist langanhaltende Beziehungen, die sich über mehrere Jahre erstrecken. Dabei ist es natürlich und logisch, dass sich beide Personen weiterentwickeln und verändern. Sie bleiben im Kern sie selbst, aber viele Umstände und Details sind ständig im Wandel. Alles ist im Fluss, niemand ist die Person, die sie gestern noch war. Es kann schwer sein, Veränderungen bei seinen Freunden zu erkennen und zu akzeptieren. Es passiert schleichend und unbemerkt, bis es auf einmal unübersehbar ist. Nunchi hilft dabei, diese Veränderungen zu bemerken und mit ihnen klarzukommen.

Wer Nunchi praktiziert, hat das Gesetz von Ursache und Wirkung verinnerlicht und sieht vor seinem inneren Auge das Bild eines Flusses mit immer bewegtem Wasser. Man hat akzeptiert, dass es keine Situation zwei Mal gibt und dass alles im konstanten Wandel ist. Dann fällt es auch leichter, zu akzeptieren, wenn Menschen um einen herum sich verändern, vielleicht sogar in die entgegengesetzte Richtung als man selbst. Man versteht, dass man jeden Menschen, sogar seinen besten Freund, täglich ein bisschen von Neuem kennenlernen muss.

Veränderungen sind natürlich, wir selbst durchlaufen sie jede Sekunde unseres Lebens und das Gleiche gilt auch für andere. Daher müssen Sie auch im Gebiet der Freundschaft lernen, unvoreingenommen zu sein und sich von allem Vorwissen und allen Erwartungen zu lösen.

Ihr Freund wird sich in einem bestimmten Moment auf eine bestimmte Art verhalten und Sie müssen das bemerken und akzeptieren.

Auch wenn Sie jemanden gut kennen, können Sie durch Nunchi immer wieder herausfinden, wie sich die Person in einem Moment fühlt oder was sie denkt. Ihre enge Bindung zur Person erleichtert vermutlich den Zugang sogar, da sie die Denkweisen und Grundsätze dieser Person kennen.

In Freundschaften gilt natürlich das Gleiche wie in Beziehungen oder familiären Situationen. Bringen Sie der anderen Person Respekt entgegen, hören Sie ihr zu und versuchen Sie, ihren Standpunkt zu verstehen. Üben Sie sich darin, die Person zu lesen. Vor allem die Aspekte der stillen Beobachtung und des Zuhörens, nur um des Zuhörens Willen, sind in einer Freundschaft von großer Bedeutung. Man kann als Freund nicht immer aktiv helfen oder eine Situation verändern, aber man kann immer ein offenes Ohr für den anderen haben. Meist ist das auch alles, was man wirklich braucht. Sie waren bestimmt schon an beiden Enden dieser Konversation. Sie haben stundenlang zugehört, wie sich ein guter Freund über seine Probleme auf der Arbeit auslässt und seine Zukunftsängste verbalisiert oder von einem schlimmen Streit mit dem Partner erzählt. Gleichzeitig haben Sie aber auch schon ein offenes Ohr und eine Schulter zum Anlehnen gefunden, wenn Sie sich überfordert und gestresst gefühlt haben oder um ein verstorbenes Familienmitglied getrauert haben. Die Freundschaft ist ein Geben und Nehmen. Man hört zu und einem wird zugehört.

Die Freundschaft ist eine wichtige Instanz im Leben, die einem Glück und Unterstützung bringt. Man selbst möchte natürlich ein guter Freund sein. Dabei können die Grundsätze des Nunchi einem helfen. Man schafft es, Stimmungsänderungen wahrzunehmen und so einem Freund beizustehen, selbst wenn er nicht explizit dazu aufgefordert hat. Wir lernen, mit Wandel in der Freundschaft klarzukommen und die Bande daher eher zu stärken, als sich voneinander abzuwenden. Wir wissen, dass wir immer jemanden haben, dem wir mit unseren Problemen ein Ohr abkauen können, und die Person hat kein Problem damit. Die Freundschaft ist etwas

Wunderschönes, aber sie kommt nicht von allein, man muss sich um sie kümmern. Durch das Verständnis für den anderen und die Fähigkeit, zu schweigen und nur zuzuhören, pflegen Sie dieses wichtige Band. In ihm finden Sie die wichtigen Tugenden und Prinzipien des gegenseitigen Respekts und der Achtung sowie der Unvoreingenommenheit. Sie nähren und pflegen eine solch wichtige Beziehung durch die Tugenden des Nunchi.

BERUF & BERUFUNG

Der Beruf ist einer der größten Teile des Lebens. Man verbringt normalerweise 40 Stunden in der Woche, also acht Stunden am Tag, damit. Das ist ein großer Teil seiner wachen Zeit und ein großer Anteil der Lebensspanne. Daher ist es also nur logisch, dass man in der Arbeit alle Art von Emotionen erlebt, egal, ob Freude, Unzufriedenheit, Stress oder Erfüllung.

Man wünscht sich einen guten Arbeitsplatz, mit entsprechendem Lohn, netten Kollegen und spannendem Inhalt. Gute geographische Lage und Anbindung an den Wohnort, flexible Arbeitszeiten und möglichst viele Urlaubstage sind auch gewünscht. Es scheint fast unmöglich zu sein, den perfekten Beruf und die perfekte Stelle zu finden, in der man alle seine Bedürfnisse erfüllt bekommt und sich wohlfühlt. Der Beruf ist auch kein Wunschkonzert, es bedeutet Arbeit und Investitionen der kognitiven Ressourcen sowie den Umgang mit Kollegen und Vorgesetzten. Welche Rolle könnte Nunchi in der Arbeitswelt spielen? Kann ich diese Fähigkeiten und Prinzipien in der Firma nutzen und auf die Interaktion mit Kollegen anwenden? Sie können sich die Antwort bestimmt bereits denken. Erfahren Sie also nun, wie Sie Nunchi am besten in der Berufswelt nutzen können.

In diesem Umfeld sind die Aspekte des Respekts und der Hierarchie fundamentale Leitgedanken. Sie werden in Ihrer Arbeit nicht immer mit Menschen zu tun haben, mit denen Sie gut klarkommen, und manchmal werden Sie sogar eine tiefe Abneigung gegenüber einem Kollegen verspüren, egal, ob diese auf persönlichen oder geschäftlichen Aspekten basiert. Es ist einerseits für die Zusammenarbeit, andererseits aber auch für Ihren persönlichen Erfolg wichtig, dass diese Gefühle Ihre Arbeit nicht beeinflussen.

Sie müssen der anderen Person immer noch den nötigen Respekt entgegenbringen, vor allem, wenn sie Ihnen übergestellt ist, und sich kooperativ und produktiv zeigen. Wenn Sie nämlich Ihre Gefühle offen zeigen oder die Qualität Ihrer Arbeit darunter leidet, wäre das sehr fatal für Ihren eigenen Ruf. Wenn man dagegen über Sie sagt, dass Sie mit jeder Person auskommen und produktiv, mit guten Ergebnissen, arbeiten können, verbessert das Ihr Ansehen und so auch Ihren Status in einer Firma oder Abteilung. Das wiederum bietet den Ansatz für eine mögliche Beförderung und einen Aufstieg in der Hierarchie. Zeigen Sie zusätzlich auch ein gutes Maß an Selbstdisziplin und erledigen Sie Ihre Arbeit gewissenhaft, um Ihrerseits Respekt und Anerkennung zu erfahren.

Man kann eine Firma, eine Abteilung oder eine Arbeitsgruppe wie einen Raum betrachten, den man lesen muss. Es mag sein, dass man sich bei Meetings tatsächlich in einem Sitzungsraum begegnet oder dass ein ganzes Stockwerk diesen Raum bildet. In der Berufswelt ist es wichtiger denn je, in der Lage zu sein, den Raum zu lesen und zu analysieren. Erkennen Sie die Dynamiken zwischen den einzelnen Menschen und die Hierarchie, die vorherrscht. Versuchen Sie auch, zu erkennen, worauf die einzelnen Personen Wert und Fokus legen, und behalten Sie einen Gesamtüberblick über die Inhalte der Arbeit und darüber, wer sie ausführt.

Üben Sie sich in Meetings und Briefings in der Kunst des Schweigens und der Beobachtung und sammeln Sie so Ihre Erkenntnisse. Es wird Ihnen helfen, Lücken in den Plänen zu erkennen und wahrzunehmen, wo Initiative und aktive Mitarbeit gefragt ist. Kämpfen Sie nicht für einen Platz in der Dynamik, wo keiner ist, sondern brillieren Sie dadurch, dass Sie einen Blick für das große Ganze behalten. Man wird bemerken, dass Sie Hand anlegen, wo es nötig ist und wo dies sonst niemand getan hätte, und man wird Sie für Ihre Aufmerksamkeit und Initiative belohnen. Durch Ihr Verständnis für den Raum und die Menschen darin werden Sie Ihren Platz in solch einer beruflichen Dynamik finden und ihn perfekt ausfüllen können.

Die Tugenden des Nunchi sind aber nicht nur für den individuellen Erfolg in der Firma hilfreich, sondern auch in den Interaktionen mit Kollegen und Vorgesetzten. Ruhe, Ausgeglichenheit sowie die Gaben der Beobachtung und des Zuhörens tragen dazu bei, dass einfache soziale Interaktionen reibungslos und freundlich ablaufen. Es ist wichtig, sich in der Mittagspause oder beim Kaffeetrinken aufmerksam und interessiert zu zeigen und durch das aktive Zuhören mehr über seine Kollegen zu erfahren.

Aber auch in geschäftlichen Gesprächen sind diese Fähigkeiten von äußerster Wichtigkeit. Gewissenhaftes Zuhören, wenn ein Vorgesetzter Ihnen einen Auftrag oder Ratschlag gibt, verhilft Ihnen dazu, einen Auftrag genau wie gewünscht auszuführen und dafür gutes Feedback zu erhalten. Bei Kritik ist es wichtig, genauso vorzugehen. Man muss versuchen, genau zu verstehen, was bemängelt wird, um ebendies ändern zu können. Präzision und umfassendes Verständnis durch Zuhören sind hier also von großer Bedeutung. Gut ablaufende soziale Interaktionen sind nicht nur für Ihre Arbeit, Ihren Ruf und Ihre Aufstiegschancen von Interesse, sondern tragen auch zu einem guten Arbeitsklima bei. Wenn Sie sich in Ihrer Position und mit Ihren Kollegen wohlfühlen, birgt die Arbeit keinen Ort für schlechte Gefühle, sondern ist von Produktivität und Freundlichkeit geprägt. Wie eingangs schon gesagt, verbringt man sehr viel Zeit seines Lebens mit seiner Arbeit und sollte daher großen Wert darauflegen, sich ein offenes, positives und produktives Umfeld zu schaffen, in dem man sich wohlfühlen und entfalten kann.

Die Berufs- und Arbeitswelt ist wohl eines der offensichtlichsten und wichtigsten Anwendungsfelder von Nunchi. Man findet hier so gut wie alle Aspekte und Grundprinzipien. Den Respekt vor Kollegen, die hierarchischen Strukturen, die es zu verstehen und zu achten gilt, die Wichtigkeit der Beobachtung in Meetings und das aktive Zuhören bei Anweisungen. Man möchte durch Nunchi seinen Platz in der hierarchischen Ordnung, seine Berufung im Beruf finden, und seine Arbeit so gut wie möglich verrichten. Die Arbeitswelt ist nicht nur ein Feld der Aktivität und Produktivität, sondern auch eine dauerhafte soziale Interaktion. Man ist tagtäglich in Meetings, kollaboriert mit Kollegen und erfragt Rat von Vorgesetzten. Deshalb ist es auch nur logisch, dass man Nunchi, den Leitfaden für soziale Situationen, so vielseitig und tiefgreifend anwenden kann. Nunchi schafft ein produktives Umfeld und verhilft zu einer ergebnisbringenden und zukunftsorientierten Arbeitsweise. Diese Philosophie bietet eine kleine Geheimwaffe in der Arbeitswelt.

So komplex, wie die Grundsätze und Denkanstöße von Nunchi sind, so vielseitig sind auch ihre Anwendungsmöglichkeiten. Nunchi hilft in nahezu jeder Situation, die neben einem selbst noch einen anderen Menschen beinhaltet, somit ist es zurecht eine Philosophie zum Meistern sozialer Interaktionen. Auf alltäglicher Basis, in Familie, Freundschaft, Beziehung, Gesundheit und im Beruf trägt Nunchi dazu bei, mögliche Hürden zu meistern und die bestmöglichen Situationen und Ergebnisse zu kreieren. Sie merken nun, dass Nunchi keineswegs nur eine theoretische Philosophie ist, sondern tatsächlich vielseitige Anwendung findet. Man verbessert durch die Anwendung der Theorie nicht nur einzelne Situationen, sondern schafft es auch, durch Ausgeglichenheit, Konfliktbewältigung und Selbstdisziplin die einzelnen Aspekte seines Lebens so gut zu meistern, dass ein insgesamt positives und erfüllendes Lebensgefühl geschaffen wird. Vielleicht ist Nunchi also doch ein kleines bisschen wie eine universelle Supermacht.

Eine 4-wöchige Reise ins Innere

Sie haben nun einiges über das Konzept von Nunchi gelernt und sind bereit dazu, sich wirklich auf den Weg der Anwendung zu begeben. Konkrete Pläne des Vorgehens sind von großer Wichtigkeit, um konsequent und effizient zu seinen Zielen zu gelangen. Im Folgenden werden Sie ein Beispiel für eine solche Zeiteinteilung kennenlernen, welches Sie anwenden können, um Nunchi zu erlernen. Es steht Ihnen aber natürlich frei, wie Sie vorgehen möchten, und Sie können sich einen eigenen Zeitplan erstellen oder den nun vorgestellten Plan abwandeln, um ihn mehr oder weniger zeitintensiv zu machen oder besser auf Ihre persönlichen Stärken und Schwächen anzupassen.

Beginnen wir in Woche 1. In dieser Woche sollten Sie anfangen, Nunchi vom reinen theoretischen Wissen in praktische Anwendung zu verwandeln. Gehen Sie es langsam, dafür aber gründlich an und versuchen Sie, Nunchi Schritt für Schritt wirklich zu einem Teil Ihres Daseins zu machen.

Schreiben Sie als erste Aufgabe eine Liste, in der Sie aufführen, aus welchen Gründen Sie sich dafür entschieden haben, den Weg von Nunchi einzuschlagen, und was Sie sich davon versprechen. Es müssen nicht viele Punkte sein, die dort aufgeschrieben sind, aber seien Sie sicher, dass es gut durchdachte und auf Sie zutreffende Punkte sind. Es macht keinen Sinn, allgemeine Floskeln wie, „Ich möchte Menschen besser verstehen können", aufzuschreiben. Sagen Sie ganz explizit, was Sie meinen, schreiben Sie Ihre Gefühle genau auf. Man könnte zum Beispiel schreiben, „Meine jugendliche Tochter, die in einer schwierigen pubertären und rebellischen Phase ist, ist ständig sauer auf mich und streitet mit mir. Ich möchte nachvollziehen, wieso, und ihr Vertrauen zurückgewinnen.". Orientieren Sie sich also wirklich ganz genau an Ihrem eigenen Leben und den Problemen, die Sie beseitigen möchten. Es ist Ihre persönliche Reise, also schrecken Sie nicht davor zurück, ganz ehrlich und konkret zu werden. Finden Sie einen guten und sicheren Platz für die Liste, an der Sie sie jederzeit wiederfinden, oder hängen Sie sich das Papier als eine Art Motivationsboard an die Wand, wenn Sie möchten. Falls Sie einmal Zweifel haben, frustriert sind oder sich einfach noch einmal Ihre Ziele vor Augen führen wollen, können Sie sich diese Liste wieder durchlesen und sich daran erinnern, warum Sie angefangen haben.

Danach kommt der erste aktive und dauerhafte Schritt: die Praxis der Achtsamkeit. Überlegen Sie sich schon am Anfang der Woche drei Termine (je nach Kapazitäten auch gerne mehr), an denen Sie sich wirklich Zeit nehmen können, um sich nur auf sich zu konzentrieren. Diese Zeiträume sollten mindestens eine Stunde lang sein, damit Sie wirklich herunterkommen und zur inneren Ruhe finden können, ohne Hintergedanken im Kopf zu haben, dass Sie jetzt irgendwo sein müssten oder etwas zu tun hätten. Nehmen Sie sich wirklich aktiv frei vom Stress des Lebens.

Die erste Woche eignet sich sehr gut dafür, verschiedene Arten der Achtsamkeit auszuprobieren. Sie können zum Beispiel einen Tag Yoga machen, dann Meditation versuchen und zuletzt einen ausgiebigen Spaziergang in der Natur machen, um ein Gefühl für die verschiedenen Übungen zu bekommen. Hier sowohl eine kleine Warnung als auch ein Tipp: Obwohl Spaziergänge Ihnen vielleicht erst einmal am zugänglichsten erscheinen, weil Sie eine sehr alltägliche Aktivität sind, so ist es bei dieser Übung doch am schwierigsten, alle Hintergedanken abzuschalten, da man sich nicht auf eine bestimmte Aufgabe fokussieren kann.

Außerdem ist es wichtig, dass Sie sich darüber bewusst sind, dass Achtsamkeit nicht von einem Tag auf den anderen erlernt werden kann, sondern dass dies Zeit braucht. Auch bei Yoga und Meditation werden Sie es zuerst schwierig finden, sich komplett darauf einzulassen, aber mit der Zeit werden Sie merken, wie Ihre Gedanken ganz bei Ihnen und dem Moment sind. Es bedarf Übung und Ausdauer, also geben Sie nicht auf! Die Achtsamkeit bildet die Grundlage unserer Reise und soll über die nächsten vier Wochen fortgeführt werden. Gehen Sie bei den Übungen selbst ganz Ihren eigenen Weg. Wenn Sie zum Beispiel Yoga über kleine Videos mit Trainern betreiben, können Sie nach und nach versuchen, schwierigere Übungen zu machen oder, wenn Sie meditieren, können Sie nach und nach trainieren, immer länger im Zustand der Losgelöstheit zu bleiben. Finden Sie hier Ihren eigenen Weg, aber machen Sie unbedingt immer weiter!

Eine letzte Aufgabe für die erste Woche ist es, in einigen Gesprächen oder Gruppensituationen, die Sie führen werden, Prinzipien des Nunchi zu erkennen. Für die erste Woche ist es ein Vorschlag, sich auf die Verbundenheit und das Gesetz von Ursache und Wirkung zu konzentrieren. Suchen Sie sich zwei oder drei Interaktionen aus, in denen Sie einfach nur versuchen, zu erkennen, dass dieses Gesetz existiert.

Sie wollen noch gar nichts mit diesen Informationen machen, nur wahrnehmen, dass tatsächlich alles im Fluss ist und alles zusammenhängt. Machen Sie das auch auf keinen Fall bei jeder Situation, sondern maximal bei jeder dritten Gruppeninteraktion, an der Sie beteiligt sind. Übernehmen Sie sich nicht, sondern finden Sie sich Schritt für Schritt in die Denkweisen des Nunchi ein.

In der zweiten Woche steigern Sie sich langsam. Legen Sie sich wieder mindestens drei mögliche Tage oder Termine für Ihre Achtsamkeitsübungen fest und halten Sie diese auch ein. Vielleicht können Sie sich ja schon auf eine bestimmte Art von Übung festlegen, zum Beispiel auf die Yogapraxis. Versuchen Sie, Konsistenz und Regelmäßigkeit in Ihre Achtsamkeit zu bringen, um schnellstmöglich Ergebnisse zu erzielen.

Eine neue Aufgabe für diese Woche ist es, den Medienkonsum etwas einzugrenzen. Dabei sollen Sie nicht komplett darauf verzichten, das ist in unserer Gesellschaft mittlerweile fast unmöglich. Nur einige Schritte hin zu größerem Bewusstsein und Kontrolle wären gewünscht. Nehmen Sie sich auch hier wieder Zeit, eine handschriftliche Liste mit selbst erstellten Regeln anzufertigen. Hier sind einige Vorschläge für eine solche Liste: Man könnte zum Beispiel sagen, dass man private Nachrichten nur an drei festgelegten Zeitpunkten des Tages beantwortet oder dass man das Mobiltelefon stumm schaltet und nur einige Notfallkontakte festlegt, bei deren Anruf es noch klingeln würde. Zusätzlich könnte man immer einmal wieder für kurze Zeiträume, zum Beispiel beim Einkaufen, ganz auf das Handy verzichten oder es in einen anderen Raum legen, um die Allgegenwärtigkeit des Geräts ein wenig zu reduzieren. Natürlich sind manche Ideen je nach Beruf und Familiensituation nicht umsetzbar, aber versuchen Sie, eine ehrliche und konstruktive Lösung für sich selbst zu finden.

Zuletzt sollen Sie versuchen, sich im Schweigen zu üben, da die Stille der erste große Teil des Konzepts der stillen Beobachtung ist. Überstürzen

Sie nichts, vor allem nicht, wenn Sie von Natur aus ein redseliger Mensch sind. Versuchen Sie lediglich, sich ein oder zwei Mal in einer Konversation zurückzuhalten und an einer Stelle nichts beizutragen, wo Sie normalerweise eingesprungen wären. Fragen Sie sich hin und wieder aktiv: Ist mein Beitrag gerade notwendig? Bringt er die Konversation voran? Wenn dem nicht so ist, dann schweigen Sie. Ihnen ist jetzt aber auf keinen Fall der Mund verboten worden, Sie können weiterhin Fragen beantworten oder an einem Diskurs teilnehmen. Sie sollen lediglich einen Fokus darauf setzen, wann und wie viel Sie reden, und versuchen, diese Anteile langsam, aber sicher auf das Nötige zu reduzieren.

Auch in Woche drei sollten Sie Ihre Achtsamkeitsübungen noch regelmäßig fortsetzen. Drei Mal pro Woche ist ein solides Pensum, mit dem Sie weiterarbeiten können. Vielleicht haben Sie aber mittlerweile auch schon so viel Spaß an der Sache gefunden, dass Sie Ihre Übungen öfter oder in längeren Intervallen durchführen. Egal, wie es Ihnen damit momentan geht, bleiben Sie dran und geben Sie nicht auf! Das Gleiche gilt auch für Ihren Medienplan. Verfolgen Sie ihn weiterhin konsequent und machen Sie nur kleine Änderungen, wenn es wirklich nötig ist.

Nun, da Sie die Vorarbeit geleistet haben und die Grundzüge von Nunchi schon aktiv leben, können Sie sich ein bisschen weiter an die Praxis annähern. Wenn Sie in einem Berufsmeeting oder am Tisch bei einem Familienessen der Konversation folgen, können Sie sich immer öfter aktive Fragen stellen.

Arbeiten Sie zum Beispiel zu Beginn einer Situation, wenn Sie einen Raum betreten, die grundlegenden Fragen ab, die schon im Kapitel der Rituale vorgeschlagen wurden. Wer ist im Raum und in welcher Beziehung stehen die Menschen zueinander? Existiert eine Hierarchie oder Autoritätsordnung? Welches Thema wird inhaltlich besprochen? Wie ist die Grundstimmung? Gewöhnen Sie sich daran, diese Fragen in Ihrem Kopf zu stellen, wenn Sie sich in eine Gruppensituation begeben. Es wird Ihnen helfen, ein Grundverständnis zu entwickeln, welches es langfristig erleichtern wird, die komplette Situation zu lesen und zu verstehen.

Beginnen Sie auch, erstmals einzelne Personen unter die Lupe zu nehmen. Suchen Sie sich einen Menschen heraus, bei dem es Ihnen leichtfällt, seine Gedanken und Aktionen nachzuvollziehen, und vermuten Sie, wie er sich in der Situation fühlt, wie er zum besprochenen Thema steht und was sein Ziel ist, falls eines vorhanden ist. Möchte er jemanden von seiner Meinung überzeugen oder überreden, etwas zu tun? Oder betreibt die Person einfach nur höfliche Konversation?

Zu Beginn von Woche vier haben Sie schon einen weiten Weg hinter sich. Sie können sich bereits denken, dass Sie auch diese Woche wieder Ihre Achtsamkeitsübungen machen und Ihren Medienplan einhalten sollen. Aber wahrscheinlich ist das mittlerweile gar keine schwierige Aufgabe mehr, da Sie diese Aspekte schon verinnerlicht und ritualisiert haben. Sie haben sich dem Nunchi schon weiter angenähert.

Es wird nun Zeit, das Nunchi noch aktiver anzuwenden. Anstatt nur auf eine Person zu achten, versuchen Sie nun schon, mehrere Personen im Auge zu behalten und deren Aktionen und Einstellungen nachzuvollziehen. Eignen Sie sich hier vielleicht einen alternierenden Rhythmus an. In jeder zweiten Interaktion werden Sie ganz aktiv üben, den Raum und die Menschen zu lesen. Um sich selbst aber nicht zu überfordern, sollten Sie sich in der anderen Hälfte der Situationen die Freiheit nehmen, einfach nur teilzunehmen, vielleicht ein bisschen das Schweigen und die Stille zu üben, aber nicht versuchen, alles zu verstehen. Der Weg zum Nunchi ist lange und es wird noch länger als nur diese vier Wochen dauern, bis Sie einen Raum und die Stimmungsströme mühelos wahrnehmen können. Geben Sie sich die Zeit, um diese Fähigkeiten zu entwickeln, und hetzen Sie sich nicht selbst.

Eine letzte Aufgabe ist es, sich in Respekt zu üben. Da Sie vor allem Älteren und Vorgesetzten sowie Menschen in Ihrem professionellen Umfeld vermutlich schon respektvoll begegnen, bezieht sich diese Übung eher auf das private Umfeld. Sie wissen selbst am besten, wem gegenüber Sie manchmal aufbrausend werden, egal, ob das der Partner, die Eltern oder die eigenen Kinder sind. Das nächste Mal, wenn Sie merken, wie Sie sich einer dieser Personen gegenüber in etwas hineinsteigern, versuchen Sie, sich auch Ihrem Gegenüber respektvoll und ruhig zu verhalten. Atmen Sie tief durch, argumentieren Sie mit ruhiger Stimme und rationalen Argumenten und vergessen Sie nicht, zuzuhören. Das ist leichter gesagt als getan, aber es genügt auch schon, sich bewusst zu machen, wem gegenüber man sein Verhalten ändern sollte. Darauf sollte man in kleinen Schritten hinarbeiten. Die Änderung von Gewohnheiten ist ein Prozess, auf den man sich einfach nur einlassen muss.

Nach diesen vier Wochen auf dem Weg zum Nunchi haben Sie selbst erlebt, welche Prinzipien und Anwendungen Ihnen gut gelingen und wobei Sie noch Zeit investieren müssen. Von hier aus wissen Sie selbst am besten, was Sie tun müssen, um Ihre Ziele endgültig zu erreichen. Legen Sie sich am Anfang jeder Woche einen Plan mit zwei oder drei kleinen Aufgaben und Denkanstößen zurecht und übernehmen Sie sich auf keinen Fall! Machen Sie nur so viel, wie auch logisch und zeitlich durchsetzbar ist. Auf der folgenden Seite ist noch einmal der Vorschlag für die ersten vier Wochen zusammengefasst.

Achten Sie auf sich selbst und arbeiten Sie kontinuierlich auf Ihre Ziele hin. Viel Erfolg bei der weiteren Reise!

Woche 1:

- Liste mit Zielen schreiben (konkret werden!)
- 3 Mal die Woche: Achtsamkeit (gerne verschiedenes ausprobieren; Yoga, Meditation etc.)
- In Konversationen Gesetz von Ursache und Wirkung und Prinzip der Verbundenheit erkennen

Woche 2:

- 3 Mal die Woche: Achtsamkeitsübungen (vielleicht auf eine Art von Übung festlegen)
- Medien-Zeitplan und Regeln erstellen
- Schweigen üben (langsam angehen!)

Woche 3:

- Achtsamkeitsübungen fortsetzen
- Medienplan fortsetzen
- Ritualisierte Fragen zu Situationen in Praxis abarbeiten
- Eine einzelne Person näher beobachten und verstehen

Woche 4:

- Achtsamkeitsübungen fortsetzen
- Medienplan fortsetzen
- mehrere Personen näher beobachten und verstehen
- Sich in Respekt und Ruhe üben

Schluss

Sie haben im Verlauf der letzten Seiten sehr viel Input erhalten. Es ist durchaus nachvollziehbar, wenn Ihnen der Kopf schwirrt vor lauter Prinzipien, Grundsätzen und Informationen über die koreanische Kultur. Lassen Sie uns also als abschließende Worte noch einmal zusammenfassen, was die wichtigen, grundlegenden Erkenntnisse zum Thema Nunchi sein sollten.

Nunchi ist eine komplexe Philosophie, Lebensweise und Herangehensweise, die sich auf soziale Interaktionen bezieht und dabei hilft, diese gut zu meistern. Man kann Nunchi fast auf jede Situation, die eine weitere Person involviert, anwenden. Das Prinzip erfreut sich also großer Allgemeingültigkeit.

Um Nunchi wirklich zu verstehen, ist es essenziell, sich mit seinen koreanischen und kollektivistischen Wurzeln auseinanderzusetzen und ein Grundverständnis für wichtige koreanische Werte wie Respekt, Hierarchie oder Spiritualität zu bekommen. Auch die Fundamente des Konfuzianismus, die sehr großen Einfluss auf die koreanische Kultur und somit auch auf das Prinzip des Nunchi haben, gilt es, zu verstehen.

Wenn man dieses Grundwissen verinnerlicht hat, kann man sich ganz der Praxis zuwenden und Stück für Stück die Prinzipien und Tugenden in der realen Welt finden. Nunchi ist etwas, das natürlich kommen sollte, aber selbst, wer kein schnelles Nunchi besitzt, kann es trainieren und so seine soziale Umwelt besser verstehen. Man nähert sich Schritt für Schritt und Prinzip für Prinzip dem Gesamtkonzept an. Wenn man sich langsam hindurchgearbeitet und versucht hat, jeden Grundsatz einzeln anzuwenden, erscheint das komplexe Konzept schon gar nicht mehr so verworren und undurchschaubar. Man hat nun verstanden, worum es wirklich geht, praktische Beispiele und Erfahrungen gesammelt und man ist schlussendlich bereit, die einzeln erlernten Prinzipien gleichzeitig anzuwenden und so das Endziel zu erreichen: den Raum zu lesen. Mit konstanter Übung wird es einem immer selbstverständlicher vorkommen, so zu denken und zu handeln, und man wird quasi unbemerkt die Geschwindigkeit seines Nunchi verbessern. Nunchi wird einem helfen, durch den Alltag zu navigieren und sein soziales Leben ohne große Fettnäpfchen, Auseinandersetzungen oder Unstimmigkeiten zu meistern.

Nunchi ist eine kleine Supermacht für einen Helden des Alltags.